Pour Camille

Coach Joe

JOËL BOURAÏMA

COACH JOE

TOUJOURS TOUT DONNER

TALENT ÉDITIONS
115 rue de l'Abbé Groult, 75015 Paris

Photos de couverture : © Émilie Zangarelli

ISBN : 978-2-37815-035-8

JOËL BOURAÏMA

COACH JOE

TOUJOURS TOUT DONNER

Talent Éditions

SOMMAIRE

À mes parents,
ma femme,
mes enfants,
et tous ceux qui m'ont fait confiance.

INTRODUCTION

Ce livre est pour tous les jeunes que l'on n'a pas écoutés, et dont les rêves ont été balayés d'un revers de main, sans scrupule. Il est pour tous ceux, aussi, qui ont des ambitions, qu'ils soient dans le domaine du sport, de la culture, de la musique… Que vous vouliez devenir ingénieur à la NASA ou médecin, n'hésitez plus à tout remettre en cause, à tout âge, tout moment de votre vie, pour aller vivre où vous voulez à Bali, aux États-Unis, à Marseille, à Paris… Moi, au départ, je voulais juste être prof de sport et j'étais loin de penser y parvenir, je ne rêvais même pas de rentrer à l'université. Alors devenir « LE » coach sportif que je suis aujourd'hui, vivre avec ma famille à Los Angeles… Ces barrières, pendant longtemps, je me les suis mises moi-même, on ne m'a pas aidé, non plus. À l'école, quand je parlais de mes rêves, on me répondait : « Ça ne va pas être possible, ça va être chaud pour toi, Joël. » En réalité, rien n'est figé ni écrit, rien n'est joué. Les jeunes ne doivent plus se dire : On m'a mis dans cette case, je ne peux rien faire, je ne peux pas avancer. Regardez, j'étais dans le même quartier que vous, dans la même situation, peut-être même pire, vous allez le lire plus tard. Alors si vous avez envie de vivre de vos passions, ce pour quoi vous êtes doué, allez-y ! Avec ce livre, j'aimerais que les gens comprennent pourquoi j'en suis là, et ne plus entendre, comme souvent, « il a eu de la chance ». La chance se provoque et quand elle se présente, il faut être prêt à la saisir et avoir beaucoup travaillé avant, beaucoup. Est-ce que tu seras prêt quand la chance passera ?

CHAPITRE 1

LE JOUR OÙ KANYE WEST NE S'EST PAS RÉVEILLÉ

Une petite bouteille d'eau à la main, une serviette posée sur l'avant-bras, j'attends, fébrile, dans cette petite rue du XIe arrondissement de Paris que je connais bien depuis mes débuts, quelques années auparavant, dans la célèbre salle de sport L'Usine. On est le 19 décembre 2012, il est 7 heures du matin et la nuit s'étire encore dans la ville endormie. En face de la salle, il y a un restaurant japonais et, juste sur la droite, une agence d'intérim qui me ramène à mes années de galère, quand je trimais sur des petits boulots, des déménagements et des questionnaires réalisés sur des plateformes téléphoniques, notamment. Alors que la fraîcheur vient cingler mon visage, que les minutes défilent, les événements plus ou moins heureux de ma vie remontent à la surface, ma cité HLM de

Saint-Cyr-L'École, dans les Yvelines, ma situation familiale, l'impasse scolaire dans laquelle on m'a longtemps enfermé… Mais, en ce matin d'hiver, dans ce quartier chic, devant cette salle où les people se pressent pour pratiquer leur sport et que j'ai intégrée comme coach sportif, je suis loin, très loin de ce passé trouble. J'attends l'artiste Kanye West. Oui, celui qui se surnomme « Ye », le rappeur américain aux trente-deux millions d'albums vendus, aux cent millions de téléchargements, l'un des plus grands de son temps, que j'avais vu en concert quelque temps auparavant à Bercy avec Jay-Z pour leur album en commun *Watch the Throne*. Au cœur de cette foule déchaînée, j'appréciais sa musique comme un anonyme et me voilà à patienter, dans une rue de Paris, qu'il débarque en vrai, en chair et en os. Kanye West, la star internationale aux vingt-et-un Grammy Awards, le mari de Kim Kardashian, a demandé à ce que je le coache, moi le petit gars de Saint-Cyr-L'École, du 7-8. La veille, son manager m'avait appelé pour me confirmer la séance et me donner quelques directives : je l'attends donc, très tôt, avec une bouteille et une serviette. Ce cahier des charges me met une grosse pression et, le jour J, je suis en avance, debout sur le trottoir à guetter l'arrivée d'un véhicule de standing au bout de l'artère. À 7 heures, personne. 7 h 30, 8 h 30, 9 heures, toujours rien, jusqu'à ce que je parvienne à joindre son assistant qui vit à New York et qui me lance : « Désolé, il ne s'est pas réveillé ! » Je vivais comme en plein rêve depuis quelques jours et tout s'écroule d'un coup, ce qui ne va pas arranger mes affaires sur le plan privé, avec ma femme Céline surtout. Depuis quelques mois je travaillais beaucoup et je lui avais promis que nous partirions en vacances, loin, au soleil. Les billets pour la Guadeloupe réservés, le départ était prévu le 18 décembre 2012 pour y passer les fêtes de fin d'année. C'était avant le premier message laissé par le manager de Kanye, quelques jours plus tôt, qui me demandait de le rappeler pour caler des séances sans me préciser les dates. Priant pour qu'elles tombent en janvier, afin de ne pas laisser passer cette chance de rencontrer Kanye West, afin d'éviter un conflit familial, aussi, je rappelai le manager, en mode stress. Je ne fus pas déçu : Kanye West voulait, évidemment, une séance pour le… 19 décembre, le lendemain de notre départ pour Pointe-à-Pitre. Avec ma femme, on voulait décompresser, se couper de tout, du téléphone et… Elle va me tuer quand je vais lui annoncer que je ne pars pas avec elle et les enfants le 18, mais un jour plus tard ! Toute la journée, j'ai cogité, j'étais comme un gamin qui n'osait pas dire à son père ce qu'il rêvait de faire, un peu honteux de lui faire part d'une destinée qui s'offrait à lui, loin du quotidien et du chemin tout tracé qui l'attendaient. En plus, les billets d'avion avaient coûté très cher, on ne pouvait pas les modifier et à l'époque, on ne roulait pas sur l'or. Mais, au fond de moi, une voix me disait : Il faut le faire. En rentrant le soir, je ne faisais pas le malin, j'ai dit tout de suite à Céline, sans omettre la date : « J'ai un plan de dingue. » Elle : « Mais je m'en fous de ton Kanye West ! On a notre fils d'un an, notre fille de quatre ans et tu vas me laisser partir là-bas toute seule, tout gérer ? » C'est un peu la guerre, je résiste : « Céline, je ne peux pas rater ça. » Comme habité, sûr de cette chance qui se présente à moi, je ne lâche pas, et le 18 décembre, comme convenu, je les emmène à l'aéroport et je promets de les rejoindre dès la séance finie avec Kanye. Car, à mes yeux, il ne s'agit que d'une séance, pas plus. Un one shot, une parenthèse heureuse avant de retourner à mes salles de sport habituelles, à mes athlètes avec qui j'ai tissé des liens forts. À la limite, l'idée est d'avoir le contact avec l'équipe de Kanye pour la suite, on ne sait jamais… Dans cette histoire folle, je tente de contenter tout le monde, au mieux, de préserver ma vie professionnelle, sans trop contraindre ma famille, ni insulter mon avenir. Le plan se met en place avec mon cousin qui travaille chez Air France, il me trouve un billet pour Pointe-à-Pitre, moins cher que la norme, mais à un prix élevé malgré tout, un jour après le départ de ma femme et mes deux enfants : « J'ai une séance à 7 heures du matin, il me faut un avion pour 14 heures environ ! » Tout est calé pour le 19 décembre, mais, la veille, Kanye West ne s'est pas réveillé. Engueulade avec ma femme, coût supplémentaire des billets, rien ne se passe comme prévu, un cauchemar. Au téléphone, le manager se confond en excuses et plutôt que de faire profil bas, il conseille Kanye West quand même, j'y suis allé au bluff. J'ignore ce qui m'a pris. Une petite voix m'a dit, ce sont des Ricains, ils connaissent le business, alors je lui ai menti, un peu : « Ce n'est pas sérieux ! Je devais retrouver un client aux Caraïbes, j'ai décalé mon départ pour vous ! » Je l'ai senti ainsi. Au téléphone, l'assistant me dit : « On comprend. Qu'est-ce qu'on peut faire ? » J'aurais pu demander le remboursement des billets, mais je trouvais que ça ne faisait pas sérieux, ni très businessman alors j'ai répondu : « Ce n'est pas grave, laissez tomber. Mais si vous revenez à Paris, vous m'appelez ! » Le temps de sauter sur le mototaxi de mon pote Momo, direction l'aéroport. Je suis dans mon avion pour la Guadeloupe et j'avais devant moi huit heures pour imaginer comment j'allais annoncer, un peu penaud, à Céline : « Il n'est pas venu. » Le voyage fut court à mes yeux. J'ai tourné dans tous les sens le problème, mais la réalité était implacable, comme le jugement de ma femme : « Tu vois, je te l'avais dit. » C'est-à-dire tout ce que je ne voulais pas entendre à ce moment-là. Pourtant, très vite pendant les vacances, la déception a laissé la place à un drôle de pressentiment. Ce rendez-vous manqué avec « Ye » me hantait, j'y repensais tout le temps et je me revois, un jour, dans le salon familial, annoncer à ma belle-sœur Mélanie : « Le manager va me rappeler et, ensuite, je vais coacher la femme de Kanye West, Kim Kardashian, enceinte, qui voudra retrouver sa ligne. » Le discours d'un illuminé pour beaucoup, mais il n'y a pas de hasard car, au même moment, je lisais le livre d'Anthony Robbins, *Pouvoir illimité*, que ma femme avait lu également. Elle n'était pas si surprise que je puisse y croire autant, elle savait que je n'étais pas perché, elle avait été séduite, elle aussi, par les thèses de Robbins, un spécialiste de la programmation neuro-linguistique (PNL), une star mondiale. Dans son livre, cet auteur écrit : « Vous êtes ce que vous croyez être. Parlez de ce que vous voulez faire, vivez-le ! » La suite confirmera ce que j'avais imaginé, rêvé. J'avais eu raison d'y croire. On rentre en métropole le 4 janvier. Le 6, coup de fil du manager de Kanye West : « Il vient à Paris afin d'enregistrer son nouvel album Yeezus pendant quatre mois. Il veut que vous le coachiez. » C'est un tournant de ma vie, je ne le sais pas encore, mais mon existence, débutée dans la Cité Marron de Saint-Cyr-L'École, la piste entre les immeubles où nous passions nos étés avec un seul ballon, les brimades des profs au collège, ceux qui n'ont pas cru en moi, ceux qui ont cru en moi, ne sera plus jamais la même. Le sport, ce domaine dans lequel je m'épanouis depuis quelques années, va, aujourd'hui, me permettre de me réaliser au-delà de mes espérances. Je vais devenir le coach de Kanye West, et tout a commencé grâce à Steven Guttman. Steven est américain, un multimillionnaire qui a investi dans l'immobilier et l'art. C'est surtout une crème, un gars adorable, qui aime la France et qui vient, de temps en temps, passer quelques jours dans son appartement parisien. À L'Usine, il a pris ses habitudes, on s'y est croisés quelques mois auparavant, lui pratiquant son sport dans son coin, moi en pleine séance de coaching, juste à côté. Steven s'entraînait seul mais mal, j'avais constaté qu'un de ses exercices mettait en danger sa santé, son dos, je m'étais permis d'intervenir discrètement et de le corriger. Ne parlant pas français, il semblait méfiant au début alors j'enchaînais en anglais, à un bon niveau, et il fut rassuré. On a échangé un peu, il a modifié la position de son corps puis on en est resté là. Le lendemain, quand j'ai consulté mon planning, comme chaque matin, j'ai découvert un nouveau nom. Mais, une fois en salle, à l'heure indiquée, je l'ai reconnu, c'était Steven qui, sans m'en parler, avait demandé à prendre des cours avec moi. J'étais flatté. On a commencé à échanger, on a fait un peu plus connaissance, il m'a raconté ce qu'il faisait dans la vie, ce qu'il aimait et, surprise, il appréciait les exercices qu'on avait mis en place ensemble. Plus tard, quand on a eu créé une vraie relation de confiance, de complicité même, j'ai fait des séances avec sa femme

Kathy dans son appartement – dingue – près des Invalides. C'est là qu'un jour, il m'a lancé : « Aux États-Unis, on a des coaches, mais vous, c'est différent, c'est top. » Cela m'a conforté dans l'idée que les gens aimaient ce que je proposais, appréciaient ma méthode et mon approche humaine. Encore plus venant de la part d'Américains qui ne reculent pas à la dépense quand la qualité est présente. Et justement, quand Steven et sa femme m'ont demandé de les facturer, j'ai proposé 100 euros la séance, sans trop savoir. Pour eux, c'était loin de ce qui se pratiquait aux États-Unis, où les coaches chargent beaucoup plus. Habitué à naviguer entre mes revenus dans les salles de sport de la région parisienne et la clientèle que je me suis faite à côté, c'était la première fois que je facturais une telle somme, je franchissais un vrai palier. On ne perdra jamais ce lien de confiance avec Steven, et à chaque fois qu'il reviendra sur Paris, il fera appel à moi. Mais c'est le jour où nous n'avions pas prévu de nous voir que mon destin a basculé, encore dans les beaux quartiers de Paris. En décembre 2012, avec un ancien collègue, également coach, Vincent, nous déjeunions près des Invalides, justement proche de chez Steven. Devant un verre, on évoquait le matériel de sport que je souhaitais commercialiser quand ont débarqué Steven, sa femme et leur avocat. On s'est salué, on a discuté puis Steven m'a montré une photo de lui et Kanye West, tous les deux faisant un doigt d'honneur. « Tu penses pouvoir gérer Kanye West ? Il arrive sur Paris dans quelques jours pour enregistrer son nouvel album. » À côté, Vincent me regardait avec de grands yeux ouverts, il n'en revenait pas. Son visage semblait me dire : « C'est quoi ton plan de fou ? Kanye West ! » Je suis en train de prendre un sandwich avec un pote et un gars me propose de coacher Kanye West ! Je ne me souviens pas avoir répondu positivement, c'était tellement évident. Dans la foulée, Steven a envoyé mes coordonnées au manager de Kanye. Le lendemain, coup de fil d'un numéro que je ne connaissais pas avec l'indicatif américain. En panique en raison de mon anglais que je n'estimais pas encore assez fluide, j'ai décidé de ne pas décrocher ! Surtout, j'étais au musée Grévin pour l'inauguration de la statue de cire d'Omar Sy, il y avait beaucoup de monde, du bruit et comme mon téléphone n'avait presque plus de batterie, je n'ai pas pris le risque de voir la conversation s'interrompre. Avec moi ce soir-là, mon ami Bouaké, à qui j'explique la situation, me laisse utiliser son téléphone afin d'écouter ma messagerie. Le message disait : « Bonjour, je suis manager d'artistes, mon client arrive à Paris et aimerait vous rencontrer. » Il ne me disait pas le nom de l'artiste, mais j'ai compris rapidement, je n'avais donné mon numéro qu'à une personne : Steven. Le souffle un peu court, j'ai rappelé le manager, pas certain de mon anglais, pas sûr, non plus, que tout ceci était vrai : il y a des milliers de coaches en France, sur Paris, la profession s'était énormément développée depuis quelques années. Il y avait même un phénomène de mode, mais c'est moi, Joël Bouraïma, que le plus grand rappeur du moment a choisi pour faire du sport en séance individuelle. Je suis le coach de Kanye West.

#NE PAS SE LAISSER ABATTRE PAR L'ÉCHEC.

Je ne vais pas vous mentir, j'avais mis tellement d'espoirs sur cette première séance avec Kanye West que la déception était immense quand ça ne s'est pas réalisé. Il m'a fallu quelques jours pour passer à autre chose, mais à aucun moment je ne me suis laissé submerger par cette occasion loupée. Au contraire, j'évoquais encore la possibilité que cela se produise et je voyais même plus loin. À aucun moment je n'ai douté de mes capacités à faire le job.

INTERVIEW
STEVEN GUTTMAN

« Joe a une énergie incroyable ! »

Steven Guttman, magnat de l'immobilier, collectionneur d'art, fait chevalier de la Légion d'honneur en 2016, fut le premier à présenter Joël à son ami, le rappeur Kanye West. Il fut aussi un soutien sans faille pour l'aider à s'installer aux États-Unis.

« Pouvez-vous nous raconter votre première rencontre avec Coach Joe ?

La première fois, c'était dans la salle de sport L'Usine, à Paris. Je recherchais un entraîneur personnel et je l'avais observé plusieurs fois avec d'autres clients. J'aimais la manière dont il axait son travail sur la forme et la technique, la variété de ses exercices qu'il utilisait pour allier agilité, souplesse et force. Je l'ai alors approché pour lui demander s'il était prêt à me coacher.

Qu'avez-vous ressenti à son contact ?

J'ai adoré Joe à la minute où je l'ai rencontré. Il a une énergie incroyable, c'est une personne très positive, je l'aime vraiment beaucoup pour cette raison.

Pourquoi est-il si différent d'autres coaches américains que vous avez rencontrés ?

Joe a une approche holistique, globale, de la santé et du fitness. Son programme comprend la musculation, le travail de base sur la souplesse, le travail d'équilibre, la récupération et l'alimentation. Ses programmes sont adaptés spécifiquement à chaque client. Il n'a pas une seule recette qu'il applique à tous les sportifs qu'il entraîne. Il évalue les corps, les besoins, et il formule un programme qui va leur permettre de rester en forme, svelte et souple.

Pourquoi lui avoir proposé d'entraîner votre ami Kanye West ?

Quand j'ai rencontré Kanye, il était à Paris en train de préparer son nouvel album. Il était sur le point de partir en tournée et il cherchait un coach capable de le remettre en forme avant de partir. Il m'a demandé si je connaissais quelqu'un et je lui ai répondu : “Bien sûr, et il est extraordinaire !” Je lui ai parlé de Joe, de sa façon de travailler, et il m'a répondu : “Ce gars semble parfait. Est-ce que je peux avoir son numéro ?”

Joe explique que vous avez plus confiance en lui que lui-même. Pourquoi d'après vous ? Et pourquoi l'avoir aidé à s'installer aux États-Unis ?

Plus je passais du temps avec lui, plus je cernais sa façon de penser et son incroyable potentiel. À l'époque où il proposait un entraînement personnel à L'Usine, ainsi qu'un entraînement pour certains athlètes et acteurs people, je pouvais voir à quel point ses programmes étaient intelligents et efficaces et les résultats qu'ils produisaient. Je crois vraiment qu'il a un talent unique, et quand il m'a dit qu'il rêvait de déménager à Los Angeles, je lui ai dit de foncer. Je lui ai dit que je l'aiderais à évoluer dans le processus d'immigration et, ensemble, nous l'avons fait. Je pensais à l'époque qu'il avait l'occasion de se faire un nom et que cela pourrait être la première étape importante dans la création de sa marque.

Jusqu'où peut-il aller ?

Joe peut aller jusqu'où il le voudra. Il a maintenant la confiance et les ressources pour faire que les choses se passent bien pour lui. Je suis persuadé qu'on va assister à la création de sa marque, forte, en utilisant des stratégies ciblées et spécifiques. Il est plein d'idées et je suis sûr qu'on va le voir progresser dans l'industrie du fitness. »

CHAPITRE 2

LA PREMIÈRE SÉANCE AVEC YE

Tout ce que je vis, en ce début d'année 2013, me paraît irréel, et voilà comment, le 7 janvier 2012, dans la même rue de la Michodière, avec le même rituel de la bouteille d'eau et de la serviette, la même angoisse également, j'attends Kanye West pour la deuxième fois de ma vie quand sa Porsche Panamera noire déboule dans cette petite rue à sens unique. Le chauffeur lui ouvre la porte. Il sort, Kanye West est là, devant moi. C'est parti, je suis dans le *game*, j'ai envie de crier ! La première chose que je remarque, c'est son *grill*, sa rangée de dents du bas en platine et diamants, quand il sourit. C'est idiot, mais je pense, au fond de moi : Le gars a 200 000 dollars dans la bouche. On ne s'éternise pas à l'extérieur ; très vite on pénètre dans L'Usine et, dans cette grande salle « de cours collectifs » que j'avais demandé à privatiser, avec ses hauts et longs miroirs, les matelas de mousse accrochés au mur d'entrée, j'observe mon client en train de se préparer. Dans quelques minutes, je dois lui faire une séance. Pression maximale. On échange brièvement au début afin de savoir où il en est physiquement, mais avec son accent mâché, notamment à cause de ses dents qui brillent, je ne comprends pas tout ce qu'il me dit. Il faut rappeler que sa diction est abîmée à cause d'un accident de voiture survenu en 2002, au cours duquel sa mâchoire avait été fracturée à deux endroits. Je fais semblant, je suis perdu mais je la joue « j'ai tout compris » pour l'amener où il veut aller dans sa séance, cherchant surtout à ne pas le contrarier. À moi de lui montrer qu'il peut atteindre son objectif, de me mettre à son niveau, même s'il ne montre aucune expression ni n'exprime aucune émotion pendant les exercices. Il ne parle pas, fait les exercices que je lui donne. C'est assez déstabilisant car, de mon côté, ce que j'aime dans mon métier, c'est l'échange, découvrir les gens pour mieux m'adapter à leurs souhaits. Le soir, en rentrant chez moi, je n'ai pas le sourire, je suis un peu inquiet, mais je me dis qu'il n'est pas bavard. Dans sa bulle, dans son monde. Au fil des années, il a aimé que je respecte son côté solitaire, que je ne cherche pas à devenir son pote. Le mec est spécial, il a son brin de folie, j'ai mis du temps à le cerner même si notre relation a évolué. Pendant longtemps, c'est resté professionnel, même s'il m'a invité à des moments intimes de sa vie – des anniversaires, ses fiançailles avec Kim –, des moments au cours desquels il n'avait pas besoin de moi comme coach, mais juste parce qu'on s'apprécie. Oui, il m'a fait vivre des trucs de folie. Pour ses fiançailles, en octobre 2013, il avait loué le AT&T Park, le stade de base-ball des San Francisco Giants ! L'après-midi, il m'avait dit : « Habille-toi en noir et rendez-vous sur le terrain des Giants. » J'ignorais complètement ce qui m'attendait et quand je suis arrivé devant l'arène, dans un quartier de South Beach, il n'y avait rien, personne. J'appelle Pascal, leur garde du corps à l'époque, avec lequel j'avais un bon contact. Il me dit de faire le tour de l'enceinte car l'accès se fait par l'entrée principale, celle des joueurs, comme si je rentrais au Parc des Princes dans les pas de Mbappé, Neymar… C'est ma première fois dans un stade de baseball ! Au milieu du terrain, je repère l'orchestre, les brasero que Kanye a fait installer pour réchauffer ses invités. Lui avait fait, dans la journée, un aller-retour Los Angeles/ San Francisco pour aller chercher Kim à L.A. Pour eux, ce décorum était normal, presque banal, ils se sont rendus rapidement dans les loges, ont mangé, dansé, mais pour moi… Je suis resté sur le terrain un moment pour savourer, prendre des photos, me faire mon trip, tout seul. Pour le fan du PSG que je suis, c'est comme si on m'avait laissé tout seul dans le Parc des Princes, j'ai pris des photos des bases, du tableau des scores où Kanye avait fait inscrire « PLEAEEASE MARRY MEEE !!! » alors que Kim était au milieu du terrain, avec un orchestre de cinquante musiciens qui jouaient pour elle un titre de Lana Del Rey. La classe absolue. Et moi, j'ai assisté à cette cérémonie intime, à la remise de la bague de diamants 15 carats à 3 millions de dollars ! En revanche, pour le mariage, l'année d'après, je n'ai pas été invité : je ne travaillais alors que depuis un an avec eux. Pas encore intime, je ne suis que leur coach sportif. Mais j'étais dans le secret de la préparation. La répétition avait eu lieu au château de Versailles, Kim et Kanye avaient maintenu le suspense jusqu'au dernier moment, tout le monde pensait qu'ils allaient se marier en France. La même semaine, je les avais eus en séance à L'Usine, c'était la folie avec les paparazzis. On me voit sur toutes les photos des magazines ! Mais le lendemain de la répétition, le couple a affrété deux jets privés pour emmener les invités de Paris à Florence où, avec Kanye, nous avions passé les deux semaines précédentes, moi dans un hôtel de dingue, lui dans une villa. Je savais que le mariage aurait lieu là-bas, encore avant tout le monde, même s'il ne me l'avait pas dit.

On se connaît mais on ne s'appelle pas forcément. Depuis que je vis à L.A., c'est lui que je vois le moins, moins que les sœurs Kardashian, par exemple. Le rapport que les gens ont avec lui est étonnant. Il nous est arrivé de voyager seulement à deux, sans assistant, ni garde du corps, et les gens s'adressent à moi pour lui parler, comme s'il n'était pas là.

Probablement par peur de sa réaction. Même dans les aéroports, au moment d'avoir son passeport, les employés passaient par moi, comme s'ils n'osaient pas lui parler. J'ai joué aussi les gardes du corps, parfois. Un jour, à l'aéroport de Los Angeles, on se retrouve face à des paparazzis qui n'espéraient qu'une chose, que ça dérape. Je marchais un peu devant lui et quand je me suis retourné, il s'embrouillait avec un photographe. Qu'est-ce que je devais faire ? Je disais au photographe de le lâcher, de ne pas lui parler, je n'avais qu'une crainte, que Kanye fasse tomber le paparazzi, qui n'attendait que le buzz, et j'ai fini par les séparer ! Mais il m'a fait vivre, aussi, des trucs incroyables, pas forcément les plus bling-bling. Nous sommes partis quinze jours en Italie pour son projet de création de mode, on roulait dans un mini-van, beaucoup, tous les jours, de Milan à Lecce à la recherche de tissus et de nouveaux matériaux pour sa collection. On s'arrêtait dans des showroom incroyables, on a mangé des choses fantastiques et pendant quinze jours, on a fait seulement… deux séances de sport. Kanye s'excusait presque de m'avoir fait venir dans ses galères, j'étais plus son assistant que son coach. J'étais payé trois fois plus que d'habitude pour assister au *process* de création de sa collection, c'était cool à voir, je pouvais mieux le connaître, aussi. Dans le van, on parlait de tout, de sapes, de textes qu'il a écrits. C'est toujours lui qui engageait la discussion, je ne voulais pas le déranger. Cela partait dans tous les sens, c'est un artiste qui a envie de vivre plusieurs expériences, plusieurs vies. Quand il est dans un processus de création, il est à fond dedans. À un moment, il voulait se lancer dans le design de meubles, tu vois que le gars est ailleurs. Il veut créer, marquer l'Histoire. L'argent, bien sûr qu'il en a, mais il s'en moque, il peut dépenser des millions pour des choses inutiles à nos yeux. Sa collection n'a jamais vu le jour, mais elle lui a coûté plusieurs millions d'euros !

Graviter dans le monde Kanye, c'est apprendre, grandir, se réaliser. Depuis des années, j'ai pu constater de quelle façon il pouvait irradier, inspirer les gens qui l'entourent. Après le mariage, je l'avais accompagné au Mexique avec toute sa famille, son *staff*, son DJ et le regretté directeur artistique de Louis Vuitton, Virgil Abloh. Virgil, un Américain, évoluait dans le cercle proche de Kanye depuis quelque temps, mais je ne savais pas trop ce qu'il faisait concrètement. Il était partout, aux concerts, en tournée, en vacances, donnait son avis sur la musique, les sapes. Je lui faisais même des séances, ainsi qu'à sa femme. Je comprenais juste qu'il s'occupait du merchandising, réalisait les tee-shirts des concerts de Kanye. Et cinq ans plus tard, il est directeur artistique de Louis Vuitton, lance entre temps sa marque, la plus influente du moment, Off-White, basée à Milan. Alors qu'il faisait des tee-shirts pendant les tournées ! D'autres personnalités dans le sillage de Kanye ont explosé ensuite : Jerry Lorenzo, qui a plus tard créé sa propre marque Fear of God, promu sa sixième collection avec l'acteur Jared Leto. Lui aussi faisait des tee-shirts et aujourd'hui, il crée des jeans à 700 dollars, des chaussures à 400 dollars ! Quand on les regarde, on a l'impression que les gars, comme le designer Ibn Jasper ou même DON C, viennent de nulle part, mais ils sont dans le *game* depuis bien longtemps. Cela montre l'influence de Kanye. Il est toujours là pour te motiver, tu t'arraches pour lui et pour toi. C'est pour ça que j'en suis là aussi. Kanye ne se contente pas de ce qu'il a ou de ce qu'il est, de son seul label GoodMusic, il vit comme s'il n'avait rien fait. Si, lui, pense qu'il n'a encore rien fait, alors moi, je n'existe pas, je ne suis même pas né. Des gars comme ça, c'est travail-travail-travail… Et cela m'a conditionné à devenir le meilleur, d'abord en France, puis aux États-Unis, à m'adapter aux situations les plus baroques.

Un jour, dans un showroom, à 3 heures du matin, il souhaite manger et me demande de lui trouver quelque chose. Mais je ne parle pas un mot d'italien, on est dans un village paumé, tout est fermé. Je ne sais pas quoi faire, j'appelle son assistante à New York et en dix minutes, tout avait été réglé : un type devait passer me prendre pour m'amener dans un restaurant qui avait ouvert spécialement pour Kanye. Le fossé, pour le petit gars de Saint-Cyr-L'École, est immense, je dois me faire à cet univers, sans jamais perdre pied avec la réalité, avec mon passé, ce qui m'a fondé.

Je me comporte donc, lors des séances, de la même façon avec Kanye qu'avec une petite mamie de Paris. Il me fait confiance, j'y vais à fond avec lui, je le bouge : « Man, c'est comme ça ! » Pendant une heure, je suis le boss. On a ce type de relation, franche, directe, dans les deux sens, et puis Kanye a été très important dans ma vie par la suite, il m'a aidé pour l'obtention de mes papiers américains. Jamais je n'oublierai ce qu'il a fait pour moi, j'ai la chance de vivre tout ce que je suis en train de vivre et de faire découvrir à mes enfants un autre pays, une autre langue, une culture. Je serai toujours là pour lui, et je ne peux donc pas oublier ce mois de janvier 2013 où tout a basculé. La première séance, ses silences au début, la confiance qui s'instaure entre nous et tout défile parfaitement, là encore, comme dans un rêve : j'ai mes sportifs, mes horaires précis avec mes différentes salles parisiennes et Kanye rentre dans l'équation, il me demande des séances à tout moment. Très matinal, il veut faire du sport dès 7 heures, il est consciencieux. Quand il a un objectif, comme une tournée à préparer, il se donne à fond, il sait que c'est un plus pour son travail. Sinon, il s'entretient, il cherche juste à perdre du poids, à garder la forme, c'est plus cool. Lors de nos premiers pas ensemble, il voulait maintenir sa forme pour ses sessions de studio. Son quotidien était le suivant : studio, sport, studio, sport. On a enchaîné les séances tous les jours, tous les matins, en privatisant une salle, juste lui et moi, avec de la musique. C'était mon choix, au départ, je ne voulais pas que les gens l'embêtent, mais au bout de quelques jours, il m'a proposé d'aller dans la salle collective, du moment que les gens respectent ses séances. On a fini le séjour avec tous les autres utilisateurs de la salle, sans problème, car ils sont habitués aux people. Cela aurait pu – dû – s'arrêter là : quelques séances fin janvier, puis, peut-être, au gré de ses passages à Paris. Pour moi, c'était déjà énorme, mais entretemps, le 22 janvier, son assistante m'appelle. Encore un coup de fil providentiel : « Joe, t'es dispo pour voyager avec Kanye ? » Là encore, je pressens que c'est une opportunité à ne pas rater, une de plus qu'il faut saisir tout de suite. Je ne réfléchis pas, je ne pose pas de question : « Bien sûr, pas de problème. » J'ignore tout de ce qui m'attend, où l'on va se rendre, ce qu'on va y faire. Je sais juste qu'on part dix jours. Aucune réponse, non plus, au sujet de la rémunération, et, sur ce plan, je suis complètement perdu. C'est quoi le tarif pour coacher une célébrité comme Kanye West en tournée ? Surtout que cela va vite, les Américains ne rigolent pas : le manager me demande mon passeport, veut m'envoyer dans la foulée les billets d'avion. Quand il m'interroge sur mes tarifs, j'y vais au bluff, par habitude : « Laissez-moi voir avec mon comptable. » Sauf que je n'ai pas de comptable et qu'il me faut faire vite. Si je demande 300 euros par jour, ils vont me trouver cheap. Si je propose 2 000 dollars, ils vont penser que je m'enflamme. Comme j'ai confiance en Steven Guttman, l'homme d'affaires qui m'a mis en relation avec Kanye, je l'appelle pour qu'il me conseille. Il connaît le coach de Jay-Z et Beyoncé, Marco Borges, et me met en relation avec lui. Marco me conseille de doubler ce que je fais dans la journée habituellement. À l'époque, je suis en statut d'autoentrepreneur et j'ai du mal à atteindre le plafond annuel de revenus qui est de 34 000 euros par an. Mais si je propose mon tarif habituel, ils vont trouver ça léger. Si je propose le double, ce n'est peut-être pas assez pour Kanye West, même si c'est une somme considérable pour moi. J'ai peur aussi de demander trop… Finalement, je prends mon courage à deux mains et annonce mon tarif, en quadruplant ce que je pouvais gagner en restant à Paris.

Au début, je suis plutôt serein, mais au bout de trois séances avec Kanye, pas un mot, ni sur le voyage qui approche, ni sur ma proposition. J'ai peur de m'être cramé en demandant trop alors que, dans mon esprit, j'aurais pu y aller gratis ! Ou même payer pour suivre Kanye à l'autre bout du monde. Le suspense prend fin quelques jours avant le grand départ avec un de ces coups de fil venant des États-Unis que j'apprécie chaque fois un peu plus : « C'est bon pour 1 000 euros par jour. » Dans la foulée, on m'envoie les billets d'avion, un enchaînement de pays en dix jours : Abu Dhabi, les Seychelles, Johannesburg… Je n'avais jamais fait autant de voyages en si peu de temps, dans des endroits de rêve auxquels je n'aurais jamais osé songer avant. À Abu Dhabi, on a dormi à Yas Island, là où passe le circuit de Formule 1 ! Quand j'appelle ma femme, je suis même un brin gêné de vivre ça sans elle et je joue un peu les mecs blasés, mais la vérité, c'est que j'apprécie chaque minute du voyage. Être payé autant pour me « balader » avec Kanye West, diriger sa séance quotidienne, loin de mes débuts comme coach, des galères que je rencontrais quand je bossais de 7 heures à 22 heures, entre 2008 et 2012. Une période physique, dure, avec les trajets en transport en commun jusqu'à la porte d'Orléans où j'ai débuté. Parfois, le soir, il n'y avait plus de train, ni de bus, je finissais à pied ou Céline venait me chercher. J'arrivais épuisé à l'appartement, mais le lendemain, il fallait remettre ça. Alors, aujourd'hui, quand je propose mon tarif à la séance à qui que ce soit, je sais tout ce qu'il y a derrière, je n'ai plus de souci à assumer mes montants. Je sais d'où je viens et je ne l'oublierai jamais.

#RESTER SOI-MÊME.

En rencontrant Kanye West, je ne me pose pas la question de savoir comment agir avec lui. Dès le début, je me sens capable d'assumer ma personne et de rester complètement celui que je suis avec tout le monde. N'essayez pas d'ajuster qui vous êtes selon qui vous avez en face de vous. Ayez confiance en ce que vous pouvez apporter aux autres et foncez !

TÉMOIGNAGE
VINCENT ROLLAND, COACH SPORTIF, AMI DE JOËL

« Le parcours de Joël est une leçon de vie, comme on aime les raconter aux États-Unis. Nous nous sommes rencontrés à la fin des années 2000, dans un centre de remise en forme Power Plate, dans le XIVe arrondissement de Paris. Joël était très consciencieux et savait déjà comment il voulait mener sa carrière. Après un séjour en Australie, il avait en tête de s'installer aux États-Unis. Il était très apprécié de la clientèle. Dans une salle de sport, certains coaches marquent plus les esprits que d'autres. Encore aujourd'hui, on me demande parfois des nouvelles de Joël, ce qui prouve son feeling avec ses athlètes. Il est toujours avenant et de bonne humeur, jamais caractériel. Il laisse ses problèmes à la maison. Ça lui permet de faire l'unanimité. Personne ne vous dira que "Coach Joe" n'est pas sympa. Il a toujours travaillé plus que les autres pour atteindre ses objectifs. Son ascension sociale ne m'a pas surpris. S'il a percé, c'est parce que c'est un bon mec. Depuis 2008, j'ai suivi son parcours de A à Z. Joël a su saisir les opportunités qui passaient, mais ce n'était jamais du hasard. Quand vous êtes à l'écoute des autres, on finit par vous rendre ce que vous avez donné. Le jour où Steven Guttman lui montre son selfie avec Kanye West, je suis avec Joël. Et ce dernier n'hésite pas à dire aussitôt qu'il se sent capable de coacher le rappeur ! Sa vie a changé ce jour-là. Je me souviens du dilemme de mon ami, car la première séance réclamée par West tombait pendant ses vacances aux Antilles. Notre patronne, dans son rôle de mère de famille, exhortait Joël à refuser pour partir comme prévu avec sa femme et ses enfants. Moi, je le poussais à accepter, car ce genre d'occasions ne se représente pas deux fois.

D'ailleurs, si on réfléchit bien, cette opportunité de coacher Kanye West n'est pas due au hasard : c'est Steven Guttman qui [la] lui a présenté[e]. Et rappelez-vous comment Joël a rencontré Guttman. Il lui avait simplement donné quelques conseils, gratuitement, pour ajuster sa posture. Quand on fait les choses avec altruisme, sans arrière-pensée, on est toujours récompensés.

Joël est toujours quelqu'un qui va de l'avant. Dans les années futures, je le vois bien élargir son audience, en développant une application de sport, ou en animant un programme à la télévision. Il serait également très pertinent dans des interventions en entreprise. Coach Joe est très inspirant, très fédérateur. Et depuis qu'il a réussi, il n'a pas changé. Il reste toujours disponible pour ses anciens collègues, comme avant. »

CHAPITRE 3

AU PARLOIR

Le petit trou dans la porte, juste sous la serrure, a disparu, il y a quelques mois, après des travaux dans la résidence où vivent encore mes parents, à Saint-Cyr-L'École. J'y repense aujourd'hui avec nostalgie, mais il a été pendant longtemps source d'angoisse quand on frappait à la porte de l'appartement et qu'au travers du judas, je voyais débarquer les huissiers ou la police, venus pour mon père ou ses dettes – les deux la plupart du temps. Avec le recul, le gamin que j'étais y a probablement vu un espace de fuite et de liberté, une voie vers un autre monde, une autre vie et, trente ans après, si je pouvais y jeter un œil, je mesurerais le chemin parcouru, de cette petite ville des Yvelines à Los Angeles où je vis aujourd'hui avec ma femme, ma fille, Naïla, et mon fils, Eden, en passant par des expériences de vie à Saint-Quentin, Trappes, Rambouillet, New York,

Sydney, Paris. Des milliers de kilomètres, de détours, de choix et de décisions prises sans certitudes, pour revenir, toujours, au point de départ. C'est un besoin, la base de toute mon histoire, les racines qui m'ancrent dans la réalité et me rappellent que si je suis « Coach Joe » pour beaucoup, si je côtoie Kanye West, si je suis l'ami de certaines célébrités, je suis d'abord Joël Bouraïma de Saint-Cyr-L'École, de la Cité Marron. Mon style de vie, mes revenus ont changé, pas ma personnalité, ni mes habitudes. Quand je rentre des États-Unis, seul, après avoir atterri à Roissy CDG, j'emprunte les transports en commun, je me reconnecte à ma vie d'avant, quand je passais mon temps dans les bus, les métros. Les lignes, les horaires, n'ont aucun secret pour moi, ils ont été ma première échappatoire, pas pour aller très loin, à Trappes, Versailles puis Paris, mais, pour nous, les gars du quartier, c'était déjà le bout du monde, une aventure qui nous libérait du quotidien. Durant le trajet qui me ramène chez moi, chez mes parents, après dix ou onze heures de vol, tout défile de nouveau et les premiers souvenirs affleurent quand je descends la longue artère Danièle Casanova puis, en contrebas, quand j'emprunte la rue Alfred Dreyfus. Tout de suite, sur la droite, le petit bloc d'immeubles, en face du Franprix, où se sont installés mes parents il y a une quarantaine d'années. Je grimpe les sept ou huit marches en faux marbre blanc qui mènent à leur étage, la main sur la rampe en plastique couleur cuivre, je remonte le temps. Le quartier a évolué, notre terrain d'athlétisme n'existe plus. On l'appelait d'ailleurs « la Piste », un anneau de 400 mètres en bitume avec, au milieu, un terrain de hand et de basket. C'était notre Maracana à nous, on en a usé des chaussures là-bas quand, l'été, nous n'allions pas à la piscine, elle aussi remplacée par des logements depuis. Nos vacances, c'était Saint-Cyr-L'École pendant presque deux mois, mais avec les copains de toujours, elles passaient vite. Mon quartier, mon identité, j'y reviens, mais la clé pour s'en sortir, c'est de ne pas y rester figé. Même les sorties avec la MJC, cela restait le quartier, toujours le quartier et dès que j'ai eu l'opportunité d'aller sur Paris, je montais dans le train, les bus. Il fallait déjà s'adapter, même si ce n'était qu'une adaptation régionale. C'est ma force, j'analyse ce qu'il y a autour de moi et je m'adapte. J'ai évolué professionnellement, arpenté tout le XVIe arrondissement de Paris, intégré une salle de sport hype. Je ne joue pas en permanence la carte du mec de banlieue, mais je ne renierai jamais ma cité, bien au contraire. Je m'y suis construit. J'aurais pu m'enterrer, aussi, mais contrairement à mes parents qui n'ont jamais vraiment voyagé, jamais quitté le quartier, j'ai eu la bougeotte. Et sur ce plan, je n'ai pas hérité d'eux. Je me suis fait tout seul et, du coup, la solitude ne me fait pas peur. Ce qui explique probablement que j'exprime peu mes sentiments. Comme mon père, Adam, avec lequel j'ai une relation assez distante. Je ne dis pas ça pour le blesser, le dégrader, mais pour montrer comment je me suis construit avec et contre son histoire, à l'opposé de ce qu'il a vécu, même si je respecte ce qu'il a fait au cours d'une vie très compliquée. On a pourtant des choses en commun, cette vie d'immigrés, lui vers la France dans les années soixante-dix, moi vers les États-Unis, le même processus, plus simple pour moi, car légal. Du Sénégal, il a mis trois ans avant de rejoindre la France. Je n'oublie pas qu'il aurait pu être un de ces migrants qu'on rejette aujourd'hui après qu'ils ont traversé des galères, des mers, sur des rafiots de fortune. Lui a même passé plusieurs années dans un foyer d'accueil Sanacotra pour travailleurs immigrés à Courbevoie, au milieu des années soixante-dix. Je m'en souviens car, par la suite, on est retournés dans son foyer quand j'étais enfant, il y avait gardé des attaches, je m'y faisais même couper les cheveux ! Son histoire, il ne l'a jamais racontée, ou alors par petits bouts, par accident et j'ai dû reconstruire le puzzle, en discutant avec mes oncles, mes tantes. Un jour, adolescent, j'avais emprunté une de ses ceintures en cuir. Sans lui demander : un drame. Il m'avait engueulé, car cet objet avait une histoire, il avait un rapport particulier avec. Lors de son périple pénible et douloureux vers la France, il l'avait trouvée sur un cadavre, cela ne s'oublie pas. Un autre jour, il m'avait lancé, comme ça : « Tu aurais pu être Espagnol. » J'avais compris qu'il était en effet passé par l'Espagne, y avait nettoyé des coques de bateaux et qu'il aurait pu y faire sa vie. Mon père a été le premier de ses neuf frères et sœurs à venir en Europe, en France, où il a exercé dans la mécanique, réalisé des travaux manuels. Il a été l'accroche de toute sa famille ensuite. Tout le monde lui doit quelque chose, il ne faut pas l'oublier. Sans lui, arrivé ici vers vingt-et-un ans (il est né en 1953), je n'en serais pas là, ni mes frères, mes cousins, mes oncles, mes tantes. Ces derniers temps, quand je vois ces immigrés africains essayant de rejoindre l'Europe sur des bateaux de fortune, je me dis qu'il y a peut-être un petit Joël dedans qui, dans trente ans, aura ma vie. De ces personnes en souffrance, il peut sortir quelque chose de bien, c'est la grande leçon de l'exode de mon père. Mon oncle est devenu un grand informaticien grâce à mon père qui a prouvé qu'on peut fonder une famille, s'intégrer, même s'il a fait des conneries. C'est dur à dire, mais je n'ai quasiment aucun souvenir de moments père-fils. On ne s'est jamais posés avec lui pour échanger, partager des moments, des passions, des activités sportives, pas même des vacances, sauf le retour au bled. Il a toujours été comme ça et c'est probablement lié à son enfance. Il est né au Sénégal d'un père béninois et d'une mère sénégalaise. Son père était dur également, il a été élevé avec dix frères et sœurs, plus cinq enfants d'un autre mariage. Quinze enfants au total ! Il a reçu des corrections, a eu les mains sur les plaques chauffantes après s'être fait griller en train de fumer, et, du coup, il n'a jamais su vraiment exprimer ses sentiments ; il ne m'a jamais pris dans ses bras, je me suis réalisé sans cette tendresse qu'on peut attendre d'un parent, encore plus durant l'année et demie où mon père n'était pas là. À bientôt quarante ans, je dis encore souvent « l'année et demie où mon père n'était pas là », je peine à prononcer le mot « prison ». Lorsque j'étais gamin, j'utilisais l'excuse de ses retours au pays pour cacher son absence. Quand on me demandait où était mon père, je répondais qu'il était au bled. Avec ce livre, je ne voulais plus mentir, mais assumer cette histoire familiale, sans honte. Quand mon père est sorti de prison, son autorité n'était plus la même. La prison… Quand tu arrives d'Afrique comme cela a été son cas, tu veux réussir à tout prix, tu penses devenir un businessman. Lui, en lien avec des gars, gérait une agence de location de voitures, il ramenait donc dans le quartier différents véhicules sans qu'on sache vraiment d'où ils venaient. Mon histoire, c'est celle de la chanson de Stomy Bugsy, *Mon papa à moi est un gangster*, je suis le gamin du clip. Depuis un moment, les huissiers passaient, il y avait des indices, des convocations. C'était ma hantise quand les flics venaient les déposer à la maison et que j'étais là. Les huissiers étaient presque devenus des proches, des gens que je connaissais bien, que je croisais dans le hall, en rentrant de l'école. J'avais appréhendé les procédures, je les maîtrisais ! Un jour, à 6 heures du matin, l'heure des perquisitions, les policiers sont venus le chercher avec les menottes. Quand mon père a été emmené par les policiers, il m'a dit : « T'inquiète, ce n'est rien, je reviens. » Il est revenu, un an et demi après. La scène est gravée dans mon esprit, les menottes m'avaient choqué, je n'étais qu'un gosse inquiet pour son père. La vérité sur cette arrestation, je la connaîtrais plus tard : des gars ont mis son nom sur les papiers de différentes entreprises et quand cela a capoté, le seul à prendre, ç'a été mon père, les autres ont disparu dans la nature. Il est tombé pour détournement de fonds, des impayés, mais le pire, c'est que ma famille n'avait même pas profité de cet argent et notre quotidien avait toujours été le même, malgré les magouilles. Un comble. Ses « complices » ont eu de la chance que je ne les croise pas par la suite, avec quelques années, centimètres et kilos en plus. Aujourd'hui encore, je leur mettrais bien une baffe pour toutes les heures passées au parloir, le mercredi, pour toutes les galères que ma mère Bernadette a connues. Elle est née à Paris, avant de passer son enfance en Corrèze. Elle a travaillé à la Poste, elle a vécu des moments durs avant d'être mutée à vingt ans en région parisienne, où je suis né au Chesnay en 1980. Au début, on vivait dans le studio de ma mère en face de la piscine avant de déménager à Saint-Cyr. Maman ne s'est jamais plainte, n'a jamais dit qu'elle avait souffert. Une femme forte qui n'a pas raté une visite à mon père pendant un an et demi, chaque mercredi, à la prison de Bois-d'Arcy, à dix minutes de l'appartement. Elle prenait son linge, le lavait, le ramenait, sans broncher. J'avais treize, quatorze ans et je l'accompagnais. À l'époque, j'ai pu le cacher à mon entourage car nous étions trop jeunes pour être incarcérés et je ne risquais donc pas de croiser des parents d'amis en allant voir mon père. Au parloir, une première sonnerie retentissait pour nous autoriser à entrer, une seconde pour annoncer la fin de la visite qui durait trente minutes. Entre les deux, des silences, des non-dits, de l'incompréhension. C'est surtout ma mère qui parlait. Moi, je demandais à mon père de me raconter comment cela se passait à l'intérieur, les fouilles, sa vie de prisonnier. C'était tout petit, j'étais assis sur un tabouret, lui était en face, comme dans un guichet de la Poste ou de la gare. Je lui en ai longtemps voulu, mais j'ai compris, plus tard ; il a fait des erreurs, on en fait tous. C'est un sujet qu'on n'aborde pas à la maison. Ou alors tout récemment, quand je lui ai parlé de mon livre, que je lui ai expliqué que je raconterais toute ma vie et que dans ce « tout », il y avait l'incarcération. Il s'est braqué : « C'est ma vie, pas la tienne ! » Il est marrant ! Comme si, pendant qu'il était en prison, on avait continué à vivre notre vie tranquillement. Cette période où il n'était pas là, nous on était là, je ne voulais pas camoufler ce moment comme il me le demandait, comme je le faisais, enfant. Avec mes frères, on ne lui a jamais rien dit, rien reproché pendant vingt ans. Je sais qu'il n'est pas fier d'avoir été en prison en laissant femme et enfants, sans le sou, mais je veux expliquer cette période, sans l'enfoncer, ni juger, et je crois qu'il a compris, finalement, ma démarche. Il m'a dit : « Vas-y, fais ce que tu as à faire. » Cela m'a soulagé d'un poids car j'ai longtemps gardé secrète cette année et demie de prison. Les assistantes sociales n'ont jamais su, je n'en ai jamais parlé à personne, pas même à mes amis les plus proches, j'avais honte. Aujourd'hui, encore, mon père ne s'ouvre pas, il n'aime pas partager sur le plan émotionnel, je n'ose pas lui parler de ce que je vis aux États-Unis. J'espère qu'il est fier de ce que j'ai construit. Quand TF1 m'a consacré un documentaire dans *50 minutes Inside*, il a ouvert les yeux et a dû se demander : « Qui paie autant mon fils pour faire du sport ? » Il n'a jamais trop su ce que je faisais, en fait. Même pour les études, cela se résumait à « tu as eu ton bac ? OK. Tu as eu ton Deug, ta licence ? OK. » Il n'est pas encore venu me voir à Los Angeles, au contraire de ma mère. J'espère le recevoir chez moi bientôt, qu'il découvre ma nouvelle vie, l'endroit où vivent ses petits-enfants. Lui préfère retourner au bled. Maman est fière de ce qui m'arrive. De la même manière qu'elle a été contente quand j'ai eu mon bac, quand je suis allé à la fac. Elle ne le disait pas, je le devinais et elle commence tout juste à me le confier, par SMS. Pour mon anniversaire, elle m'a écrit récemment : « Je suis fière de ce que tu fais pour toi, pour les enfants. » Mais, en face à face, comme on n'a jamais vraiment échangé, c'est bizarre… En fait, elle vit tout ça en fan. Elle a créé un compte Facebook et un autre Instagram, elle like, commente, tout ce qu'elle voit me concernant, elle raconte mon histoire ! C'est mon fan-club ! Elle m'envoie des photos d'elle avec Omar Sy lors des avant-premières en France ! Rencontrer quelqu'un qu'elle voit à la télévision, c'est fort pour elle à soixante ans passés. En plus, c'est Omar, l'acteur préféré des Français, elle est à fond et cela me fait plaisir. En revanche, Kanye West, elle ne sait pas qui c'est, ni les Kardashian, c'est amusant. Elle n'a pas conscience de ce qu'ils représentent aux États-Unis. La voir épanouie, après des années à trimer, me rend heureux, mais c'est aussi ma situation familiale qui a construit mon caractère, qui m'a obligé à me challenger, sans avoir peur de partir à l'aventure, à l'étranger. Depuis cette époque, plus rien ne me fait peur.

#TOUJOURS POSITIVER.

Dans la vie, nous rencontrons tous des hauts et des bas. Servez-vous des deux pour construire votre force. Vous allez me répondre que c'est facile à dire pour moi maintenant que je suis à Los Angeles, etc., mais je vous promets que j'ai toujours essayé de voir le bon côté des choses, même dans les instants les plus difficiles. Je pars toujours du principe qu'à partir du moment où je me lève le matin en bonne santé, tout est encore possible.

INTERVIEW
YOUSSOUF KALOGA, L'AMI D'ENFANCE

Youssouf Kaloga, éducateur spécialisé dans les prisons. Ancien rappeur à succès, sous le pseudonyme de 13OR, avec son groupe L'Skadrille.

« Vous avez rencontré Joël à l'école maternelle. Comment était-il à cette époque ?
C'est l'une de mes premières amitiés. Il était très amical, discret et chaleureux. C'était un garçon facile à vivre. Ça a aussitôt matché entre nous. Tellement bien que quarante ans plus tard, on est toujours amis…

Était-il déjà passionné par le sport ?
Très tôt, il a eu des appétences sportives. Petits, on passait beaucoup de temps à jouer au football, il était très fort balle au pied. Dès qu'il s'intéressait à un sport, il se donnait à fond. Joël a toujours été un « jusqu'au-boutiste ». Quand on découvrait une discipline, il se faisait un malin plaisir d'aller au bout. Les copains et moi, on se lassait parfois, on lâchait l'affaire. Lui, jamais. Cela a caractérisé son adolescence, puis sa vie d'adulte.

A-t-il souffert de ses échecs d'orientation scolaire ?

Je ne pense pas qu'il en ait souffert. Il a plutôt transformé ça en force. On a tous grandi dans cette fatalité. Dès que j'allais voir une conseillère d'orientation, elle me parlait de BEP chaudronnerie. Avec tout le respect que j'ai pour ces métiers-là, on avait d'autres ambitions. On ne s'est pas arrêtés à ça. Cela ne nous a pas empêchés de réussir. Ni lui, ni moi.

Comment était son environnement familial ?

Joël était entouré d'une famille aimante. Un papa, une maman, des petits frères. C'était très chaleureux, dans la normalité des choses.

Au milieu des années 90, Joël rappe à vos côtés.

Toutes nos expériences, on les a vécues ensemble. Qu'elles soient sportives ou musicales, l'un était toujours dans le sillage de l'autre. Quand j'ai connu le succès avec L'Skadrille, Joël faisait partie de la bande qui me suivait. Il m'a toujours soutenu pour m'aider à réaliser mes projets. Il a vécu mon heure de gloire. Et ensuite, j'ai vécu la sienne. À St-Cyr, on était un trio. Herby, Joël et moi. Chacun dans son domaine, on est devenus professionnels. J'ai été disque d'or, Joël coache Kanye West et Herby est devenu footballeur dans différents championnats. La réussite de chacun est aussi celle de notre trio. On a tous été présents l'un pour l'autre, sans aucune jalousie. Aujourd'hui, même si

Joe vit à l'autre bout de la planète, je vis sa réussite au quotidien, je l'ai constamment au téléphone. On a été au bout de nos rêves, grâce à notre force de caractère.

Et vos histoires sont source d'inspiration pour les jeunes...
On se permettait de rêver. On n'avait pas d'exemple à suivre, comme dans certains quartiers où il y a des footballeurs ou des rappeurs. Dans les petits HLM de St-Cyr, on n'avait personne pour nous indiquer le chemin, mais on s'est donnés les moyens. Désormais, St-Cyr fourmille de coaches sportifs, de petits groupes de raps, de footballeurs. La réussite des uns prouve que c'est possible. On en est très fiers.

On imagine qu'il y a eu des moments de galère, aussi...
Tous les trois, on a été très unis dans l'adversité. On a vécu la jeunesse de tout jeune de banlieue : des embrouilles avec des bandes rivales, des contrôles de police. J'en conserve de bons souvenirs, à la fin c'était des barres de rire ! Quand des policiers nous contrôlaient alors qu'ils savaient pertinemment qui on était, ça ne nous empêchait pas d'avancer. On passait outre.

Quels sont vos plus beaux souvenirs avec Joël ?
Je me rappelle des premiers concerts, des premières soirées, du jour où il m'annonce qu'il est le coach de Kanye West, des matches de notre pote Herby dans le championnat

d'Albanie... On a vécu toutes les choses difficiles qu'un jeune de banlieue doit vivre, mais cela n'a jamais été un frein, car on rêvait en grand.

Justement, quelle est votre réaction quand Joël vous annonce qu'il va entraîner Kanye West ?
C'est complètement fou ! Passionné par le rap américain, j'écoute énormément la musique de Kanye West. Je suis étonné, sans l'être. Tout le positif qui arrive à Joël, c'est parce qu'il est un mec bien. Il l'a mérité. Dès qu'il a commencé, j'ai demandé comment les choses se passaient avec Kanye West. J'ai vécu ça par procuration.

Vous êtes éducateur spécialisé. Le parcours de « Coach Joe » peut-il inspirer les jeunes ?
Je parle souvent de sa réussite dans mon travail. Son parcours n'est pas abstrait. Ce n'est pas Michael Jordan qui gagne à Chicago. C'est quelqu'un qui a grandi avec moi. Tout est possible, il suffit de se donner les moyens. C'est ça, son histoire. Le plafond de verre n'existe pas. Par le travail, on arrive toujours à ses fins. Le quotidien dans les banlieues est compliqué. Il faut positiver son énergie. Si on avait été à fond dans les bêtises, on aurait fini par en faire de très grosses. Sauf qu'on a décidé de s'engager dans la musique et le sport. On avait des passions. Chacun a un talent. Il faut le trouver, l'exploiter et tailler notre pierre précieuse. »

CHAPITRE 4

UN CARACTÈRE À PART

Quand je dis que je n'ai pas eu de cocon, c'est dur et injuste parce que notre mère Bernadette a tout fait pour nous. Tôt le matin, dès 5 h 30, elle quittait notre appartement pour rejoindre la Poste de La Celle-Saint-Cloud où elle travaillait depuis son arrivée de la Corrèze, il y a vingt ans. Elle ne gagnait pas des mille et des cents pour, à 6 heures du matin, commencer le tri du courrier qu'elle allait distribuer ensuite lors de ses tournées à vélo. C'était fatigant, des crevasses abîmaient ses mains à cause du froid, l'hiver. Pour avoir réalisé quelques tournées l'été, afin de gagner un peu d'argent, je sais combien la ville escarpée de La Celle-Saint-Cloud est ardue. L'image de ce petit bout de femme, allant de maison en maison, ouvrant son sac rempli de lettres, pour remonter sur son vélo et tout cela pendant des heures m'attendrit autant qu'elle me rend fier… À l'époque, je ne m'en rendais pas compte : on voit partir ses parents au travail, mais on ne sait pas qu'ils triment, combien leur journée peut être pénible. Elle a charbonné pour ses enfants, pour 7 000 francs (1 100 euros aujourd'hui) mensuels, mais, malgré tout, on n'a jamais manqué de rien. Les paires de baskets, sauf les Air Jordan, les consoles de jeu, on finissait toujours par les avoir, même en décalé, un an après, quand cela coûtait moins cher. Mais on les avait. Elle se cassait toujours la tête pour qu'on soit gâtés. Surtout en fin d'année lorsqu'elle vendait des calendriers et doublait son salaire, car elle était très appréciée dans les quartiers où elle distribuait le courrier. Les calendriers, c'était notre bonus, on savait qu'on aurait un truc cool ! Elle a toujours travaillé et aujourd'hui, à la retraite, elle s'ennuie presque ! Ses dernières années, elle s'était même lancée dans l'aide à la personne, elle faisait les courses des personnes âgées, accompagnait des enfants à leurs activités sportives. Rien faire, cela lui faisait peur car jamais cela ne lui était arrivé. Le fait de l'avoir vue aussi active, toujours en mouvement, pour le peu qu'on avait, forcément, cela m'a influencé et j'ai rapidement pensé que si je voulais plus, il faudrait cravacher encore plus. Avec le recul, l'activité de ma mère m'a inspiré, j'ai puisé, chez elle, l'énergie qui me porte depuis des années, son abnégation à élever, presque seule, trois enfants, trois garçons en plus ! Sans beaucoup parler, elle m'a toujours poussé, m'a fait confiance quand je lui disais que je voulais m'imposer dans le sport. Quand certains profs ont voulu me réorienter vers la vente, alors que je n'en avais pas du tout envie, elle est allée dans mon sens, m'a soutenu, même si je la devinais inquiète pour mon avenir. Elle m'a fait confiance et je ne l'ai pas trahie. Toujours derrière moi, pour tout. Quand je jouais au foot à Maurice-Leluc, le stade de Saint-Cyr, assez loin de notre quartier, que j'avais la flemme d'y aller à pied, elle m'y emmenait, avec le sourire, malgré la fatigue de sa journée de travail écoulée. Pour les vacances, on partait sans mon père, elle gérait tout. Ce n'était jamais des vacances de folie, on bougeait à gauche, à droite, mais elles m'ont marqué, surtout celles à Allassac, en Corrèze chez ma grand-mère. Il n'y avait rien mais on était contents d'y aller. C'était ça ou rester à Saint-Cyr. Jusqu'à mes treize ou quatorze ans, on a vadrouillé grâce à elle, Saint-Jean-de-Monts, Saint-Gilles-Croix-de-Vie, on poussait jusqu'à la Dune du Pilat. On en a fait des kilomètres, et tout ça en voiture, avec la Renault 18 ou la Ford Tonus. Quand il fallait organiser, c'était la patronne, tout partait d'elle. Cool même si, quand il fallait nous en mettre une, elle n'hésitait pas, car on était assez speed. Des garçons, quoi ! Des trois enfants, je suis l'aîné, né en 1980. Ont suivi Yannick en 1983 et Mickaël en 1987, sans oublier Raymond, le plus petit frère de mon père, arrivé à l'âge de dix ans du Bénin et qui a grandi avec nous jusqu'à dix-huit, dix-neuf ans. Avec mes frères, on est tous les trois vraiment différents même si, avec Mickaël, on a des similitudes. Déjà, notre physique : on se ressemble comme deux gouttes d'eau, les gens n'en reviennent pas quand ils nous croisent. Et nos parcours scolaires aussi ont des points communs, puisqu'il a fait une fac de sport comme moi et obtenu une licence Éducation et motricité qui lui permet d'être prof dans le privé. Mais lui a décidé de travailler avec les enfants en retour d'opérations lourdes dans des centres spécialisés. Il voulait faire comme moi, coach sportif, mais il a eu un enfant à vingt-et-un ans et il lui a fallu assumer. Pourtant, il aurait pu être un grand footballeur, car il a évolué avec la réserve du PSG, l'équipe B. Mais, avec l'arrivée du bébé, il a eu moins de temps pour se préparer, ses priorités avaient changé et il a finalement loupé le coche. Aussi parce qu'il était beaucoup trop fan du PSG, qu'il voulait réussir là-bas et nulle part ailleurs. Comme il jouait avec l'équipe B, avec à l'époque Hoarau, Kezman, qu'il les rencontrait dans le club-house, il était dans l'optique « je peux y arriver à Paris ». C'était un peu son rêve éveillé, le Graal qu'il touchait presque du doigt, mais qu'en réalité, il n'effleurait même pas. S'il était parti jouer en province, dans un club plus modeste, il aurait fait son trou plus facilement, il aurait été dans les top joueurs, mais il voulait le folklore du PSG avec le survêtement, l'écusson, les matches au Camp des Loges. Cela a été son erreur. Quand il a commencé à s'endormir un peu avec la réserve de Paris, je lui ai dit de tenter autre chose, d'aller voir ailleurs, aux States, par exemple. Le niveau n'était pas extraordinaire là-bas et il aurait tout pété quand je vois combien certains Français s'en sortent bien dans ce type de championnat… L'agent de joueurs Claude Anelka, le grand frère de Nicolas, le footballeur, avait quelques gars et il conseillait Mickaël. Un jour, Claude m'appelle pour m'annoncer qu'il a un plan pour lui, en Virginie, du côté de Washington. Une université était séduite par le profil de mon frère qui, lui, se posait des questions sur l'intérêt de cette expérience ! J'étais fou. À l'époque, je bossais à la mairie de Paris comme animateur sportif et j'avais inventé un truc pour prendre quelques jours et l'accompagner, sinon il n'y serait jamais allé. Pendant quatre jours, le temps de l'essai, il a vécu une expérience de dingue, même si les conditions qui lui étaient proposées sur le plan financier n'étaient pas intéressantes, très légères, sans bourse scolaire en plus. Si j'avais eu une occasion comme ça, j'y serai allé sans hésiter. Mickaël avait besoin d'être poussé, pris par la main… Ensuite, il a passé sa licence à Saint-Quentin-en-Yvelines, a été prof remplaçant dans le privé à Saint-Germain-en-Laye puis il a fait du coaching en salle. Aujourd'hui, posé en CDI, il a deux enfants, il ne veut pas prendre de risques. Comme mon autre frère Yannick et c'est sur ce point que je suis vraiment différent d'eux.

Yannick a un master en Ressources humaines gestion de PMI/PME mais, aujourd'hui, il travaille dans une auto-école. Dans son domaine, personne ne lui a vraiment donné sa chance ou alors des postes qui n'étaient pas à la hauteur de ses diplômes. Cela me fait mal car je connais toutes ses qualités. J'espère qu'il s'épanouit dans ce qu'il fait malgré tout, on n'en a jamais vraiment parlé. Je ne sais pas pourquoi on est si différents, j'ai essayé de les bouger pourtant. Peut-être que les voyages, aller à droite et à gauche, m'ont ouvert les yeux. En sortant de Saint-Cyr, j'avais défoncé les portes pour eux, cela aurait dû être plus facile, mais ils n'ont pas bougé comme moi, ils aimaient bien rester dans le coin, le quartier, avec leurs petits groupes. Ils ont commencé à aller jusqu'à Paris quand ils ont eu leur permis, et encore ! Moi, dès que j'ai connu le métro, j'étais en vadrouille et chaque jour, je repoussais un peu les frontières : ce fut ensuite le Sud, à Montpellier, à Marseille, on a poussé jusqu'en Suisse. Puis, il y a eu les colonies que j'ai encadrées à l'étranger, mes propres vacances en Espagne, au ski. Aujourd'hui, après avoir voyagé à travers le monde, je me rends compte qu'il n'est pas si grand que cela, qu'on peut aller de Los Angeles à Paris en passant par Milan en quelques heures. Bien sûr, il faut avoir les moyens pour ces endroits, mais à une échelle européenne, on peut voyager. À dix-huit ans, on n'était pas blindés, on s'organisait tout simplement, avec une collecte pour l'essence, une chambre de quatre qu'on se partageait. On ne mangeait que nos sandwiches au thon à la catalane, mais on s'en moquait, on allait à la plage, au ski !

Mon oncle Raymond et mon cousin Herman ont joué un rôle dans ce que j'ai réussi à accomplir.

Ils ont quitté la France pour les États-Unis en 1998 ; le fait qu'ils osent, cela m'a ouvert le champ des possibles. C'étaient des entrepreneurs dans l'âme. Lors de leur première tentative, ils ont échoué, alors ils sont rentrés, puis ils y sont retournés. Ils ont créé une société de livraison pour des boulangeries françaises, avant d'ouvrir une boutique de bagels, des salons de coiffure… Ils étaient infatigables. Herman a épousé une femme américaine, et aux États-Unis, la pression financière est très forte, surtout au sein des couples. Pas d'aides sociales aux USA, il faut bosser non-stop pour vivre, pas d'assurance chômage, les « *hustlers* » ne s'arrêtent jamais de charbonner. Avant ça, ils s'étaient engagés dans l'armée, et devant leurs difficultés plus tard à trouver du travail en France, ils ont tenté l'aventure américaine.

Mes deux frères n'ont pas autant bougé, cela vient de leur caractère, mais, aujourd'hui, ils ne sont ni envieux, ni jaloux de ce que je vis, ils ont vu tout le travail abattu, quand je me levais le matin pour aller à la fac ou rejoindre mes emplois d'animateur, de déménageur. Ce n'est pas comme si c'était tombé du ciel du jour au lendemain. Je sens qu'ils sont derrière moi, ils me supportent même si on n'en a jamais trop parlé. Le dialogue n'a jamais vraiment été installé dans la famille, ce n'est pas naturel chez nous, ce n'est pas dans nos habitudes. Le lien fraternel a été un peu biaisé aussi car, en l'absence de notre père, j'ai endossé un rôle plus large que celui du grand frère. Je tiens aussi ce caractère de ce que j'ai vécu avec mon cousin Christian. Il était une présence importante, qui m'a pas mal *drivé* au niveau du sport. Il est venu du Sénégal pour rejoindre l'armée française, là il a été déployé à Sarajevo pendant la guerre, et il vivait à la maison quand il rentrait de mission. Après le départ de mon oncle Raymond, il a repris la place du grand frère auprès de moi. Eux et mon autre cousin Herman étaient mes trois références. Ils avaient chacun des histoires de vie incroyables : les trois étaient dans l'armée, ils suivaient des stages commandos très physiques, sautaient en parachute. Ce sont eux qui m'ont donné le goût du sport, j'étais tout jeune et je me souviens de séances de pompes avec eux, tous les quatre dans ma chambre.

Un jour, au retour d'une mission, le mental de Christian a lâché. Il a commencé à avoir un comportement incohérent, il pouvait sortir à minuit pour se rendre dans la forêt parce qu'une voix le lui avait demandé. Quand je passais le voir chez lui, son appartement pouvait être complètement retourné, là aussi à cause d'une voix. Il pouvait avoir des lubies soudaines, comme me demander de ne pas marcher à sa gauche dans la rue pour le même type de raison. Ça a commencé à poser problème pendant ses missions, l'armée l'a déclaré inapte. À la maison, mon père ne voulait plus le gérer après une tentative de suicide aux médicaments qu'il avait faite à table, en famille. Du coup, c'est moi qui me suis occupé de lui. Je n'avais que dix-sept, dix-huit ans, mais je ne pouvais pas le lâcher comme ça. Quand on me disait qu'on l'avait vu dehors tout seul, je partais le chercher, je faisais tout le tour de St-Cyr. Je l'emmenais à l'hôpital Charcot. Après ses séjours là-bas, il revenait chez moi. Il avait une carte d'handicapé, il était suivi par un organisme qui lui a trouvé du travail et un logement. Mais c'était toujours bancal car il n'était pas stable. Ça me faisait mal de le voir comme ça, c'était difficile à gérer.

J'en ai voulu au système militaire français. C'était un très bon tireur d'élite, il était capable de toucher une pièce de 5 francs à un kilomètre. Il était venu du Sénégal pour servir la France, il donnait sa vie à l'armée française. Et quand il a eu son problème, ils l'ont rejeté. Ça m'a fait mal.

Quand il a commencé à être malade, je suis au lycée à Rambouillet, je viens d'obtenir mon BEP, je dois gérer mes études, surtout que je sais maintenant qu'il est encore possible d'intégrer la fac de sport ; je ne dois pas me louper. À ce moment-là, je travaille pour le groupe Viva en tant qu'animateur de colos. Et puis, en août 2002, pendant que je suis en séjour aux Canaries avec des jeunes, Christian est mort. Il avait 27 ans. Ma famille ne m'a rien dit, ils n'ont pas voulu me perturber car je travaillais. Il est décédé dans des circonstances pas claires, retrouvé dans le coma dans une forêt, après quoi il a fait une embolie pulmonaire à l'hôpital. J'ai souffert de ne pas avoir été là, et de ne pas avoir été prévenu. Je m'en suis voulu, car c'était moi qui le suivais depuis un moment, c'était moi qui savais comment le gérer pendant ses crises et, là, j'avais été absent.

À la maison, pour mes frères et moi, il fallait que cela file droit, mais aujourd'hui, aucun des deux n'a dérapé, ils ont fait des études supérieures. Au quotidien, j'ai pu être dur, intransigeant, mais ils comprennent pourquoi j'ai été pénible à ce point. Aujourd'hui ils ont tous les deux du travail après avoir fait des études, et ma mère est fière de ça, de nos parcours. Surtout quand on voit ceux de certains de nos potes respectifs : très peu ont réalisé la même chose. Mais je connais leur potentiel à tous les deux, je sais qu'ils peuvent aller plus haut et je suis persuadé qu'on a des choses à faire ensemble. Si cela se passe bien pour moi, j'aimerais qu'on travaille ensemble, à l'avenir : Yannick peut gérer une entreprise, s'occuper de mes activités et non pas parce qu'il est mon frère, mais parce qu'il a les qualités pour. Ce serait top. Avec Mickaël, si je lance des franchises de salles de sport, il pourrait en être un des coaches, un des dirigeants. J'aimerais leur donner des responsabilités pour qu'ils se rendent compte de leurs capacités. Pour l'instant, ils n'ont pas eu le coup de pouce, la chance qui leur permettrait d'exploiter leur talent. Nos parents seraient heureux, j'en suis sûr, de nous voir tous les trois, travaillant sur les mêmes projets. Je ne sais pas si ma mère a conscience de ma trajectoire, mais elle mesure tout le travail que j'ai fait et que je continue à faire à L.A. ; elle en est fière, je crois, surtout que rien n'a été simple.

#APPRÉCIER CE QUE L'ON A.

Que ce soit sur le plan humain ou matériel, prenez le temps d'apprécier les gens qui vous entourent et qui comptent pour vous ; de même avec ce que vous possédez, car beaucoup de choses peuvent s'arrêter du jour au lendemain.

INTERVIEW
YANNICK BOURAÏMA, PETIT FRÈRE DE JOËL

Quel genre de grand frère était Joël ?

Nous étions assez proches car la différence d'âge était mince. On passait du temps ensemble, on rigolait ensemble. À l'adolescence, il était très protecteur. Il m'interdisait beaucoup de choses. Les sorties, les fréquentations… Sur le moment, je n'appréciais pas. Avec le recul, je comprends qu'il voulait me protéger et surveiller mon entourage.

Cela avait sans doute un rapport avec l'absence de votre père, incarcéré pendant un an et demi…

Ces deux années ont eu un impact sur toute notre famille. Cela nous a beaucoup responsabilisés. Avec deux petits frères, seuls avec notre mère, Joël a dû sentir qu'il était l'homme de la maison. Il a endossé un rôle qui n'aurait pas dû être le sien à son âge, mais il l'a fait. Forcément, ça l'a aidé à grandir, comme nous tous. Ces deux années nous ont changé. Joël avait peur que ça tourne mal pour ses petits frères s'il les laissait dans la nature.

Entre vous, à la maison, discutiez-vous de la peine de votre père ?

Non. C'était un non-dit. On n'est pas très bavards dans la famille. On se comprend, on se connaît, mais on ne parle pas forcément.

Même aujourd'hui, vous n'évoquez plus cet épisode douloureux de votre enfance ?
Non. On n'en a jamais reparlé. Je n'ai pas souvenir d'une seule conversation à ce sujet avec mon frère.

Est-ce que Joël vous parlait de ses problèmes d'orientation et de ses désirs avortés d'être professeur de sport ?
Non. Très vaguement. Même avec nos parents, on n'a jamais vraiment débattu de nos choix scolaires. Ils nous ont fait confiance. À cette époque, je n'avais pas conscience du parcours de mon frère. Je savais qu'il galérait, mais je n'ai pas ressenti ses difficultés.

Quel regard portez-vous sur l'ascension sociale de votre frère, coach sportif de stars ?
Je vais être franc : qu'il entraîne Kanye West, les Kardashian ou n'importe qui d'autre, je m'en moque complètement. Je veux simplement que mon frère soit heureux et épanoui. S'il était plombier et épanoui, je serais tout aussi content pour lui. Joël n'a pas eu un parcours facile. Il a surmonté les épreuves pour s'en sortir.

Aimeriez-vous travailler avec votre frère, en famille ?
Avec grand plaisir, ça peut être jouable. Il n'y a aucun conflit entre nous. Je sais que ce serait une entreprise saine.

Quand on discute avec les proches de Joël, un aspect revient toujours : son optimisme, sa positivité. Vous le ressentez aussi ?
Je confirme à 100 %. Depuis toujours.

Comment définiriez-vous votre relation avec votre grand frère ?
Je ne parle pas beaucoup avec Joël. Si j'ai un souci et que je l'appelle, je sais qu'il m'écoutera et me tendra la main. Mais la vie a fait qu'on ne partage pas tant de choses que cela. Cependant, je lui suis très reconnaissant du soutien moral qu'il m'a apporté dans ma lutte contre l'obésité. J'ai perdu près de 50 kilos et il est pour beaucoup dans cette réussite. Son accompagnement a été très important pour moi.

Que souhaitez-vous à Joël et votre fratrie pour l'avenir ?
Avant tout, je lui souhaite de rester épanoui dans sa vie et qu'il accomplisse ses projets en cours. Ensuite, si on peut monter quelque chose en commun, entre frères, ce serait un vrai plaisir. Mais d'abord, qu'il vive son truc et qu'il prenne du plaisir ! Et si on peut l'aider à se développer, on le fera.

CHAPITRE 5

LE RÔLE DU GRAND FRÈRE

Même si j'ai infligé quelques moments pénibles à mes parents, notamment quand ils ont dû me récupérer au commissariat (ce n'est arrivé que deux fois), je ne leur ai jamais menti au point de casser la confiance qu'il y avait entre nous. C'est pour cela qu'ils me laissaient beaucoup sortir, même s'ils n'avaient pas trop le choix. Je ne voulais pas rester à cogiter dans ma chambre, pour échapper aux problèmes de la maison, aux huissiers, pour fuir le centre pénitencier où mon père était incarcéré. Pour m'aérer, m'ouvrir à d'autres horizons, je bougeais beaucoup et, avec des copains, on allait à l'Alizé Club, une discothèque afro à Paris réservée aux adolescents le dimanche après-midi de 14 heures à 19 heures, où on allait danser. C'était le point de ralliement des jeunes, qui m'a permis de me connecter à d'autres univers. On se préparait toute la semaine pour aller dans cette discothèque qui proposait du bon son avec DJ Lord Issa et DJ Iso, où se retrouvaient des gamins de toute l'Île-de-France, pour 20 francs l'entrée (3 euros). Comme je jouais au foot à cette période, je disais à mon entraîneur, afin de ne pas perdre de temps après les matches, de me laisser à telle station de train ou de métro pour rejoindre plus rapidement l'Alizé, situé métro Cambronne dans le xve arrondissement. Je ne rentrais pas avec l'équipe, j'avais mes affaires de rechange et je m'habillais dans les toilettes de la discothèque. Grâce à ce lieu, j'ai fait beaucoup de connaissances, des gens débrouillards comme moi et qui, aujourd'hui, ont réussi dans plusieurs domaines, de la musique en particulier. Avec des potes de notre groupe de rap, on poussait même jusqu'à Marseille, où on avait des contacts avec la Fonky Family, pour réaliser des mixtapes, mais on a aussi rencontré Saïd, aujourd'hui Soprano, de Psy4 de la Rime. Soprano, quand il venait à Saint-Cyr, je lui coupais les cheveux dans l'appartement de mes parents, je lui faisais la boule à zéro dans ma chambre où ses cheveux traînaient ensuite sur le sol. Aujourd'hui, il remplit les Zénith de France, le stade Vélodrome et bien plus encore ! Je me dis que cette réussite n'est pas le fruit du hasard, on sentait qu'il était, comme nous, capable de dénicher les bons plans, qu'il avait la niaque. J'ai un peu rappé, mais sans prétention, ce n'était pas trop mon truc, je préférais danser avec mon pote Yaya. J'étais plus là comme un réalisateur, les chanteurs me demandaient mon avis sur la musique, les textes. Ces rencontres pouvaient paraître, sur le coup, anodines, juste amicales, mais avec le recul, je me rends compte que ce sont des gars que je retrouve aujourd'hui dans la sphère médiatique comme Mouloud Achour, devenu journaliste et animateur sur Canal+, qui faisait partie de cette clique. À l'époque, il était journaliste rap pour le magazine *Radikal*. Avec la revue *L'Affiche*, *Radikal* était notre source d'information en ce qui concernait la culture hip-hop. J'ai sillonné Paris comme jamais, rencontré pas mal de gens du milieu du hip-hop, on allait dans les studios de Warner Music proche des Champs-Élysées. On sait ce qu'on a fait pour en arriver là, on sait d'où on vient. Ce petit circuit n'a rien à voir avec le cirque bobo parisien. Notre circuit, on sait, man, ce qu'il y a derrière ! Ce fut une période charnière pour moi. Pendant que mon père n'était pas là, j'aurais pu faire n'importe quoi. C'était la période des 400 coups, mais soft, sans grosses embrouilles, juste ce qu'il faut pour nous apprendre la vie. On a eu plein de galères, on s'est perdus, on allait dans des coins que les gens ne peuvent même pas imaginer. Aujourd'hui, je pense à ma fille de quatorze ans qui est en âge de faire les mêmes sorties que moi et je ne parviens pas une seconde à la voir dans ces circonstances. Comment mes parents ont pu me laisser partir, me lâcher ainsi dans la nature, si jeune ? J'ai l'impression que mes enfants ne sont pas encore assez matures, qu'ils ne peuvent pas vivre les mêmes sorties, parfois dangereuses, que nous faisions. On aimait bien assister aux embrouilles, savoir qui se battait avec qui et, un jour, dans le XIXe arrondissement, cela a tellement chauffé qu'un gars a sorti un sabre de sa canne comme dans un film. Un sabre ! Tout le monde a paniqué, a couru dans tous les sens ; Youssouf, un de mes potes, est tombé, s'est cassé un doigt, à la perpendiculaire. On avait quoi, treize ou quatorze ans, et on s'est débrouillés pour aller aux urgences avant de rentrer en métro, sans que nos parents n'en sachent jamais rien ! À la Loco (remplacée aujourd'hui par la Machine du Moulin Rouge), on a également connu les soirées rap avec Time Bomb, les soirées hip-hop avec les X-Men, groupe de hip-hop du XXe arrondissement, avec les émeutes, les CRS qui nous gazent. Certains d'entre nous étaient recalés à l'entrée, d'autres pouvaient participer au concert, c'était complètement dingue. Souvent, on ratait le dernier métro, on faisait un taxi-basket jusqu'à Montparnasse pour attraper un train vers Saint-Cyr. Si on échouait, qu'on arrivait trop tard, on prenait le Paris-Chartres, le dernier train, et, comme il ne s'arrêtait pas dans notre gare, on tirait l'alarme entre Versailles et Saint-Cyr pour stopper le train, descendre sur les rails et finir à pied. Avec les contrôleurs, aussi, on a longtemps joué au chat et à la souris, à donner des faux noms, à fabriquer des fausses cartes Orange, on était des professionnels des transports en commun. Avec le recul, c'était la bonne époque, on quittait les problèmes de la maison juste pour s'ambiancer, rencontrer d'autres personnes. Avec Youssouf et Herby, on était le trio de Saint-Cyr connu pour s'exporter au-delà de notre quartier. Quand des KFC ont ouvert à Château-d'Eau et au Châtelet, on a été les premiers, à quinze ans, à les tester et quand on revenait dans le quartier en disant aux gars qu'il y avait un truc de fou à Paris, qu'on mangeait du poulet à l'américaine, ils voulaient tous venir ! On les emmenait alors, et eux qui n'avaient jamais bougé de Saint-Cyr nous regardaient comme des fous : « Mais vous connaissez le métro ? » On se débrouillait pour tout, surtout la nourriture qui était le nerf de la guerre ! Le Flunch, à Plaisir, on l'a dévalisé : on prenait l'assiette de légumes à 15 francs et, ensuite, on se jetait sur le buffet à volonté.

Quand il m'a fallu partir à l'étranger, même si c'était à une échelle supérieure, le système D était la clé, la mentalité, la même. Quand tu as vécu en région parisienne, tu t'adaptes partout ensuite. Bien sûr, il y a des dérapages plus graves, des gardes à vue pour vol de sac à main ou encore pièces détachées d'automobile, et je n'en suis pas fier. Mon tort était surtout d'être là et de me faire embarquer, mais, personnellement, je n'ai rien fait directement. Le sport m'a sauvé, au contraire de certains de mes potes qui ont enchaîné les galères, les conneries, de plus en plus grosses, avec les tirs, les armes à feu, les coups de couteau, les braquages et, au final, la prison… La prison que je connaissais avec mon père et que je fuyais. Du coup, je me suis tenu éloigné des pires embrouilles, je n'ai pas touché à la drogue, aux armes. J'ai volé, un peu, dans les magasins, mais jamais rien de très important. Au Go Sport, à Saint-Quentin-en-Yvelines, j'ai tiré un couteau suisse, un pantalon Nike. Pour manger aussi, j'ai saigné l'Intermarché de Fontenay-le-Fleury mais jamais je n'ai effectué le moindre braquage. Il m'est arrivé, une fois, de voler un autoradio et un VTT… Mais je n'ai pas aimé ça, j'avais des scrupules pour les gens auxquels j'avais dérobé ces choses, je ne savourais même pas mon triste butin.

Les ennuis se rapprochaient, le piège se refermait, par la faute d'une partie de mon entourage, cela devenait périlleux. Un jour que nous nous apprêtions à partir au ski avec des copains, l'un d'entre eux a souhaité se joindre à nous, sans pouvoir, sur le moment, participer aux frais du voyage, ni payer la location de l'appartement. C'est ce qu'il nous avait dit la veille du départ, mais, le lendemain matin, à 5 heures, il était présent au rendez-vous. Entre temps, on avait appris que la supérette du quartier, juste en face de chez mes parents, avait été… braquée ! Le reste du temps, le gars était bon délire, gentil, et d'ailleurs, en général, ce ne sont pas des méchants dans le fond, ils sont juste là pour faire leur business. Mais cela peut partir en live à tout moment. Et rien ne les arrête. Mon pote qui avait cambriolé le supermarché avait même une idée derrière la tête en venant au ski : dealer du shit sur place, où les prix s'envolaient. On avait rigolé pendant tout le séjour, mais on n'était jamais sereins car on ne savait jamais ce qui allait se passer. Avec ce genre de gars, tout pouvait arriver, le pire comme le meilleur ! Je n'ai pas toujours été clean non plus, et quand il a fallu payer mes séjours au ski, ce n'est pas ma mère qui pouvait me les financer. J'ai voulu dealer un peu, à Rambouillet, au lycée. Ça n'a duré qu'une semaine… Dans le coin, il y avait beaucoup de consommateurs alors j'ai ramené quelques barrettes. J'étais refait mais totalement en panique quand je prenais le train avec ça sur moi. Je n'avais pas la carrure pour ce business, à cause de ce stress non-stop, alors que, via mon entourage, des quantités de shit incroyables étaient à portée de main ! D'autres potes ont continué et parfois je les accompagnais sur Paris pour les transactions. J'étais même complètement idiot puisque je ne prenais pas d'argent sur le deal, j'étais juste avec eux, en balade. Si je me faisais attraper, alors que je n'étais pas dans le business, j'aurais pris comme les autres ! J'étais con, j'étais dedans. Sur le trajet du retour, j'étais super mal ! Le coup n'est pas passé loin, une année, lors d'un séjour au ski auquel, pour une fois, je ne participais pas. Sur place, ils se sont fait serrer avec des faux billets. Ils flambaient dans la station, se sont fait remarquer et les gendarmes sont venus les cueillir dans l'appart avec des fusils à pompe. J'aurais pu être là, parmi eux et connaître le même sort que mon père. C'est là que je me suis dit qu'il fallait changer, rester avec ceux qui étaient clean, faisaient de la musique. Aujourd'hui encore, des potes vivent en prison, d'autres sont morts. Quand je pouvais, je faisais suivre un petit mandat à mes copains en taule, je leur envoie des Snap' de L.A., cela les fait voyager, un peu. Un gars de mon quartier qui les recevait les montrait à tout le monde dans le centre pénitentiaire, il était fier que je réussisse. J'ai grandi avec ces mecs, depuis la maternelle pour certains, et même si, à l'adolescence, ils ont pris un chemin différent du mien, je ne peux pas les renier, zapper des amis comme ça. Ni, non plus, faire n'importe quoi, prendre le risque de jouer avec le feu, même par amitié. Encore moins après être rentré à la mairie de Saint-Cyr comme animateur. Je représentais la jeunesse et, tous les petits, je les dressais un peu, on me demandait de calmer les plus agités. Je n'avais pas le droit de me griller, je n'aurais plus été crédible. Le fait d'être l'aîné m'a donné des responsabilités, très vite, et m'a évité de faire trop de conneries, plus graves. Les gardes à vues, comme je savais ce que c'était, je ne voulais pas que cela arrive aux petits. Ni à mes frangins. De toute façon, tous deux savaient que ce ne serait pas ma mère, ni mon père, qui viendrait les chercher, mais moi. Et cela aurait été pire, je n'aurais pas été aussi cool que mes parents ! La pression, ils ont connu, mais ils n'ont jamais vraiment su pour mes dérives, mes bêtises. Je n'ai jamais cherché à en faire un exemple, surtout pas. Quand je fumais un petit joint, ma hantise était que l'un des deux s'y mette ! Quand je squattais dans la cage d'escalier enfumée par mes potes, je puais la cigarette ou le shit et je n'avais qu'une crainte, qu'ils croient que je fume, qu'ils trouvent ça cool. *Idem* quand j'allais en boîte, je ne les amenais jamais, je ne voulais pas qu'ils sachent. Car, ensuite, je n'aurais pas été crédible. À leurs yeux, j'ai toujours été droit et carré. Ils m'écoutaient.

#SAVOIR S'ENTOURER EST UNE QUALITÉ.

Beaucoup pensent que les gens qui gravitent autour de vous sont une fatalité, moi je pense plutôt que bien s'entourer est une qualité qu'il faut sans cesse développer. Toujours faire en sorte de vous entourer de personnes qui vous poussent constamment à faire mieux. « Si je suis le plus intelligent dans une pièce, c'est que je suis dans la mauvaise pièce » : j'aime bien cette expression car elle met en avant le fait de ne pas à avoir peur d'être challengé par son entourage. Selon moi, c'est essentiel.

INTERVIEW
GEORGES ADONAÏ, ANIMATEUR DE PRÉVENTION

« Je le prends en exemple auprès de mes jeunes. »

« Dans quel cadre avez-vous rencontré Joël ?

Il avait quatorze ou quinze ans et j'étais en charge de l'animation jeunesse dans la ville de Saint-Cyr-L'École où il habitait. Joël fréquentait cette structure avec ses amis et, en parallèle, pratiquait le football en salle dont je m'occupais également.

Quel type d'adolescent était-il alors ?

On le surnommait « Big Joe », car il avait déjà ce gabarit impressionnant, même s'il était moins sculpté qu'aujourd'hui. C'était un garçon ouvert, dans l'empathie avec ses camarades et une certaine aura dans sa tranche d'âge dont il était un des leaders. Il avait gagné leur respect par son attitude, son vocabulaire et sa force de caractère. Il n'était pas rare que ce soit lui qui intervienne, qu'il fasse le tampon avec certains qui étaient plus bruts de décoffrage.

Aurait-il pu déraper à un moment ?

Non. Dans un groupe, il y a toujours deux ou trois garçons plus « avancés » concernant certaines mœurs, mais Joël s'est tout de suite préservé de ça, et probablement que la mésaventure de son papa a joué un rôle dans sa faculté à ne pas franchir la ligne. Il faisait de petites bêtises mais il avait assez de recul pour dire « c'est bon, j'arrête là ». Depuis, il a donné à plusieurs jeunes l'envie de suivre son parcours et aujourd'hui, je m'appuie encore sur son exemple auprès de ceux que j'encadre aux Clayes-sous-Bois, car Joël a une aura publique et quand je leur parle d'Omar Sy ou les Kardashian, cela évoque tout de suite quelque chose pour eux. Je peux leur dire « comme vous, Joël était en recherche d'identité et de devenir » et il a trouvé.

Quel rôle avez-vous joué dans son épanouissement ?

C'était un garçon à l'écoute et, en terme de respect, il avait tout compris. On s'est enrichi mutuellement, on a appris l'un de l'autre. Quand il a eu l'opportunité de partir en Australie, il a pu hésiter à un moment, mais je lui ai fait part de ma propre expérience, puisque j'avais vécu six mois en Inde. Je lui avais dit : « Après un an, tu ne seras plus le même Joël, alors que tes copains auront vécu une année comme une autre à Saint-Cyr. Tu auras une plus grande ouverture d'esprit. » Je l'ai conforté dans son choix.

Aurait-il pu faire carrière dans le sport professionnel ?

Oui, car il avait le pied comme on dit, il savait se déplacer. Très bon sportif, il s'était fait rapidement remarquer pour ses qualités physiques intrinsèques, comme ses frères d'ailleurs. Dès qu'on débutait un nouveau sport, il ne connaissait aucune étape de transition, il me mettait, malgré notre différence d'âge, à l'amende (rires) ! Tout le monde le voyait réussir dans le taekwondo ou le foot, mais je l'aurais plutôt vu dans l'athlétisme ou le rugby. Mais comme certains sportifs qui ont beaucoup de qualités, il a eu du mal à se positionner, il a choisi de ne pas se stabiliser et de toucher à tout.

Vous l'avez mis sur la piste du coaching ?

Mature, il a grandi rapidement et nous l'avons donc intégré à notre équipe d'animation, et en discutant avec lui, je voyais bien que la voie scolaire choisie, la vente, ne lui plaisait pas. Je lui avais donc donné des livres, conseillé de passer au moins son tronc commun pour devenir éducateur sportif. Très vite, cela l'a intéressé, mais de là à imaginer qu'il pourrait devenir Coach Joe… Il est allé au-delà de la réussite qu'on pouvait lui prêter, mais il n'a pas changé. Il pourrait mettre son parcours en avant mais il reste attentif aux autres. Je ne suis pas surpris qu'il ait réussi à séduire des people, car c'est quelqu'un de simple, il ne se la raconte pas. »

CHAPITRE 6

SAUVÉ PAR LE SPORT

J'ai toujours voulu être prof de sport et probablement que mon oncle Raymond, le plus petit frère de mon père, n'est pas étranger à cette vocation. Arrivé en France quand j'avais deux ans et même s'il a huit ans de plus que moi, très vite, il a joué le rôle du grand frère ; d'ailleurs, ma mère l'a élevé comme son fils quand il s'est installé avec nous dans le F3 à Saint-Cyr-L'École. Très sportif, il courait beaucoup, il avait des cuisses et des mollets de dingue devant lesquels j'étais en totale admiration. Il m'impressionnait tellement que je l'ai pris en exemple et quand je le voyais faire de la boxe avec un autre de mes cousins, j'avais envie de faire comme eux. Les moments que je ne partageais pas avec mon père, c'est avec Raymond que je les vivais, surtout que nous dormions dans la même chambre. On a réussi cet exploit, dans cette petite pièce de

8 mètres carrés qui accueillait nos deux lits, d'installer au sol un tapis de gym et même un banc de musculation. J'allais courir avec lui, je jouais au foot avec lui et quand il a intégré l'unité des para-commandos, j'étais fasciné par le récit de ses missions, ses sauts en parachute, ses stages commandos. Lui et le sport ont été de vrais moteurs au cours de mon enfance, à l'adolescence également, ils ont dicté ma conduite. Jamais bourré, je n'ai jamais fumé non plus car je n'oubliais pas que j'avais match de foot ou entraînement le lendemain et que cela pouvait conditionner ma préparation et ma performance. À Saint-Cyr, tous les jours, les lendemains de sortie, j'allais faire mes footings dans la forêt du Bois-Cassé, les autres gars ne comprenaient pas que je me mette ainsi dans le rouge. Je me faisais mal, le sang et l'acide lactique affluant dans les muscles. Puis, exténué, à bout de souffle, je m'allongeais dans l'herbe, tout seul dans mon bois… Un bien-être total. On me prenait pour un fou, un dingue de pousser autant, mais mon équilibre passait par cette débauche d'énergie. Tout petit, le sport a été mon viatique. J'ai commencé par l'école multiformes à Saint-Cyr : on touchait à tout, du judo aux sports collectifs, pour éveiller chez chacun d'entre nous un intérêt pour une discipline. Ensuite seulement, nous étions dirigés vers des clubs spécifiques de la ville. J'avais cinq ans, j'attendais, excité, le mercredi ! Ensuite, le judo, vers huit ans, a rythmé mes semaines toujours à la

salle Gérard-Philippe. Plutôt bon, j'ai remporté pas mal de compétitions, mais je n'étais pas encore dans cet esprit, je pratiquais juste pour le plaisir. Je suis devenu vraiment compétiteur, plus tard, avec le foot, d'abord à Saint-Cyr, puis à Plaisir et Versailles. À l'époque, même si j'étais supporter du PSG, Jean-Pierre Papin, le buteur de l'OM, était mon idole, car j'étais attaquant comme lui : il me faisait délirer avec ses bicyclettes, ses reprises de dingues. J'aimais bien, aussi, le gardien parisien, Joël Bats, parce que je portais le même prénom que lui. Un jour, on est allés au Camp des Loges, le centre d'entraînement du PSG et, dans les buts, il y avait Joël. J'étais fou derrière le grillage, surtout que c'était la première fois que je voyais des joueurs professionnels. Plus tard, j'ai adoré Éric Cantona, un des premiers à avoir tenté sa chance à l'étranger, un des premiers à réussir. J'aimais bien, déjà, les pionniers, les aventuriers. Forcément, je rêvais d'être pro comme la plupart des gamins de mon âge et mon nom tournait dans les clubs du coin, les recruteurs parlaient de moi après les matches, quand je jouais à Saint-Cyr puis à Plaisir. Pour atteindre mon but, j'ai cravaché jusqu'à treize ou quatorze ans, puis des centres de formation, du Havre, de Rennes, sont venus à la maison, avec des fanions et des maillots. Mais mon père leur a dit non, il leur répondait que j'allais privilégier les études. Cela m'a cassé. J'ai continué le foot avec les potes, sans me projeter, sans tout abandonner non plus. À seize ans, j'ai pris une licence à Versailles, en Division Honneur, où je jouais avec Sylvain Monsoreau, futur professionnel à Sochaux, Lyon puis St-Étienne. J'ai rapidement assimilé le sport à une bouée de sauvetage, à une barrière qui me tenait à distance de certains interdits, certaines dérives que j'ai mis du temps à braver, malgré la tentation de l'effet de groupe qui a fait que certains de mes copains n'ont pas attendu d'être majeurs pour franchir la ligne blanche. J'ai fumé mon premier joint à dix-huit ans, et encore, juste pour essayer. C'était en Espagne, et j'étais tellement cassé que je n'y ai plus retouché avant la fac. J'ai bu mon premier verre d'alcool encore plus tard. Je dois tout au sport, même la débrouillardise, ma capacité à me déplacer. Grâce au football notamment, je bougeais partout, tout le temps, à Trappes, à Paris, à la Verrière, à Issy-les-Moulineaux, dès l'âge de treize ans, il a bien fallu que je m'organise, que j'anticipe les trains dont à la fin je connaissais les horaires par cœur. À l'école, j'aurais aimé avoir la même aisance, la même agilité avec les matières, mais c'était plus compliqué. Je n'étais peut-être pas un élève modèle, c'est vrai, mais j'avais des facilités qu'on n'a pas vues ou pas voulu voir. Parce que je n'en parlais pas non plus, on n'a regardé que la partie sombre de mon parcours, on n'a pas cherché à connaître mon contexte familial et social, ma personnalité, les difficultés rencontrées au quotidien, le parloir, la prison, les huissiers… Au collège

Jean Racine de Saint-Cyr-L'École, en troisième, quand j'ai exposé mes rêves, mes projets, on a choisi pour moi. Je rêvais d'être professeur de sport, on m'a envoyé en CAP-BEP Vente. « Le sport, il faut faire une seconde générale, puis la fac. Cela ne va pas être possible, ça va être chaud pour toi. » « Cela ne va pas être possible. » Combien de fois ai-je entendu cette phrase dans la bouche d'un professeur ? Combien de fois m'a-t-on ramené à ma réalité, celle d'un gamin du quartier sans perspective, presque sans avenir, si ce n'est celui qu'on avait choisi pour lui. À l'époque, trop jeune, trop seul pour m'affirmer, j'ai acquiescé quand on m'a lancé que j'étais un « élève moyen ». Mes parents aussi et, pour eux, l'essentiel était la poursuite de l'école, le maintien dans le circuit scolaire classique. On m'a envoyé dans le lycée professionnel Jacques Prévert de Versailles. En choisissant ma vie, contre ma volonté, les professeurs ne savaient pas à quel point ils allaient renforcer mes convictions de réussir dans le domaine du sport. Ce lycée que l'on m'a imposé a été le déclic, et, intérieurement, j'ai pensé : « Man, ce n'est pas pour toi. » Dans les salles de cours, autour de moi, j'observais mes camarades. On avait tous plus ou moins le même profil, des gars et des filles du quartier, issus de l'immigration, casés là parce qu'on ne savait pas quoi faire de nous, parce qu'on ne s'était jamais vraiment intéressé à ce que nous voulions faire. On était des clones, mais je n'arrêtais pas de me dire, sans penser que j'étais au-dessus, ni me vanter : Tu n'es pas comme eux. Et, de fait, j'ai décroché mon CAP avec 16 de moyenne, mon BEP avec 15, sans rien faire alors que mes camarades étaient pour la plupart en souffrance, je le voyais bien. Quand on m'a proposé de poursuivre vers un bac professionnel, je me suis imposé, cette fois-là, j'ai dit « non merci », refusant ce fatalisme, ce tiroir dans lequel on voulait encore me glisser. On avait choisi une fois pour moi, pas deux ! Même si la possibilité était faible, je voulais rejoindre l'université, raccrocher mon rêve d'être professeur d'EPS. Mais, là encore, on me lançait « Joël, cela ne va pas être possible, ça va être chaud pour toi. » Tous me conseillaient de faire un bac pro, mais j'avais vraiment envie de m'en sortir autrement. Alors, j'ai cherché des lycées pouvant m'accueillir en année d'adaptation avant d'intégrer l'université. Au lycée Mansart de Saint-Cyr, on m'a dit non : « Cela ne va pas être possible. » Je me suis tourné vers Rambouillet, à Louis Bascan – le seul établissement qui voulait bien m'accepter – où j'ai rencontré ma femme, Céline, et où j'ai obtenu, finalement, un bac STT, déjouant leurs pronostics, et répondant, à ma façon, à leurs préjugés. Prêt pour la faculté, pour le grand bain, plus rien ne pouvait m'empêcher de réaliser mon rêve de devenir professeur d'EPS, ou au moins de mettre tous les atouts de mon côté. Mais les professeurs du lycée, eux, je ne les avais pas avec moi et, encore une fois, on a présidé à mon futur. Et, pire, sans me prévenir. Au lieu de se dire « le gars a galéré pour en arriver là, il a la dalle », on a pensé que je n'avais pas le niveau. Sous prétexte que mon bac STT ne me permettait pas d'avoir les connaissances en physique et biomécanique nécessaires pour intégrer STAPS, la faculté de sport, on a tenté de me réorienter vers une autre voie. À l'époque, les inscriptions se faisaient par Minitel : en premier choix, j'avais donc mis STAPS à Orsay Paris XI, puis BTS Force de vente au lycée des Sept Mares à Maurepas en second, pour assurer le coup. En conseil de classe, ils ont interverti mes choix, ce qui est illégal mais je ne le savais pas à l'époque. Pendant deux mois, je n'ai pas eu de réponse de la fac de sport, et pour cause : je n'étais pas inscrit à leurs yeux ! Quand je me suis rendu à l'université, au cours de l'été, on m'a annoncé qu'il n'y avait pas de dossier à mon nom. Je tombais des nues, complètement interdit face à cette annonce. Une semaine plus tard, un courrier m'annonçait mon inscription en BTS à Maurepas, au lycée des Sept Mares. À cet instant, leur combine était claire et j'ai décidé de refuser ce second choix alors que ma mère insistait absolument pour que j'aille à l'école. Je n'ai pas lâché le morceau, je me suis rendu de nouveau à la fac de STAPS pour leur expliquer la situation, mais je n'étais plus prioritaire pour intégrer la session suivante, je me trouvais sur liste d'attente. Tous les jours, je me rendais à Orsay, tous les jours, on m'adressait la même réponse. Moi, je voulais juste aller en fac de sport. Écœuré, je n'ai rien fait pendant un an après qu'ils ont réussi à faire foirer mon inscription. Je me suis rapproché des facs de Bobigny, de Nanterre et c'est là-bas que j'ai rejoint un groupe de militants qui œuvraient pour l'accès de la faculté à tous. On prenait les amphis en otage, on faisait signer des pétitions, les CRS venaient nous expulser. L'ironie de cette histoire, c'est que je me battais pour aller à l'école, alors que pendant des années, je n'avais pas aimé ça, je l'avais fuie ! Au bout d'un moment, en décembre 2000, j'ai arrêté de m'investir dans ce collectif, j'étais dans une impasse et il fallait trouver une autre solution. J'ai dit « stop » au cœur de l'hiver, j'ai cherché du boulot. Tout ce qui me tombait sous la main, je prenais : déménageur, préparateur de commande à la Sernam à Trappes, j'ai fait de l'accueil scolaire à Saint-Cyr, des sondages téléphoniques à Saint-Quentin-en-Yvelines. Juste pour manger, m'en sortir, en attendant des jours meilleurs que je ne voyais pas venir. J'aurais pu lâcher, à tout moment, mais ma passion du sport était trop forte, autant que mon envie, surtout, de choisir mon propre destin. Et cette passion, ces convictions, ne concernent pas que le sport. Si tu vis pour un truc fort, si tu le fais avec cœur, sans calcul, les gens le sentent. Si tu n'es pas vrai, les portes se referment… Il faut mettre le pied, s'imposer et ne rien lâcher. Si j'avais dû m'arrêter à chaque fois qu'on m'avait dit non…

En parallèle, je me suis tourné vers des organismes qui proposaient des formations Ministère jeunesse et Sports, j'ai passé mon BAFA, mon brevet d'État avec plusieurs spécialités car, outre le taekwondo, je pratiquais le foot en DH, à un bon niveau également. J'ai mis le maximum de chances de mon côté pour m'ouvrir toutes les portes, ne prêter le flanc à aucune critique. Finalement, j'ai obtenu de faire ma formation au CREPS de Montry. Elle coûtait 7 000 francs à l'époque et elle fut financée par 1 500 francs de ma poche, autant de la part de mon club de taekwondo, un sacré coup de main, et les 4 000 francs restants avaient été délivrés par un fond d'aides aux jeunes de Saint-Cyr, dirigé par Marie-Laure Boucher, une dame qui m'a pris en considération. Ce qu'elle a fait pour moi, jamais je ne l'oublierai, elle a participé à ce que ma vie prenne le bon tournant. Dans cette formation accélérée de trois mois, on nous apprenait la physio, la psycho, l'anatomie… L'épanouissement total ! J'étais dans mon élément, enfin, entouré de gars et de filles qui faisaient du sport depuis des années, au cœur d'infrastructures incroyables pour moi qui arrivais de Saint-Cyr et de la fameuse « Piste » en bitume de la Cité Marron. Sur le plan magistral et théorique, j'ai même redécouvert mon corps, pourquoi je sue, pourquoi je souffre, j'ai appris les principes de l'aérobie, ce qu'était l'acide lactique, les mitochondries, la contraction des muscles… Sur les bancs de l'amphithéâtre se trouvaient des gens plus intelligents que moi, car habitués aux études supérieures depuis des années, mais je travaillais plus, toujours plus, pour combler mes lacunes, et j'ai obtenu mon tronc commun haut la main. Mais parce que j'adorais ce que je faisais, cela me paraissait facile. Ce n'était, à mes yeux, qu'une étape, je n'abandonnais pas pour autant mes envies de rejoindre la fac, dont le cursus était plus complet, pour approfondir le tronc commun avec du spécifique. Et j'ai atteint mon objectif. Une fois l'université intégrée, enfin, j'ai rencontré des étudiants qui n'étaient pas forcément sportifs, qui ne souhaitaient pas tous éprouver leurs connaissances sur le terrain, dans la performance. Des têtes venues pour la théorie, mais la sélection, au fil des mois, fut terrible, l'intelligence ne suffisait plus, il fallait l'envie, ne pas lâcher. On était 400 en amphithéâtre à la rentrée, puis 200 à la fin de la première année et 80 à être allés au bout de la licence STAPS (+). Pourtant, tout aurait pu s'arrêter avant même de rejoindre la faculté. Un mois avant la rentrée, on m'a découvert une fracture du scaphoïde avec opération à la clé. Pour une connerie en plus. L'hiver précédent, j'avais tellement trimé pour gagner un peu d'argent qu'on s'était offerts avec des copains un séjour au ski, et j'ai chuté dès le premier jour. Le voyage coûtait tellement cher que j'ai continué de skier toute la semaine, comme un con. Et évidemment, je suis tombé de nouveau dessus. Pendant six mois, j'ai eu mal avant de me résigner à faire une radio.

Quand la radiologue a vu l'état de mon poignet... Interloquée, elle m'a demandé : « Mais vous n'avez pas mal ?! » J'avais le scaphoïde fracturé en deux, tu m'étonnes que j'avais mal. Elle m'a plâtré, mais, au bout d'un mois, il n'y avait aucune évolution positive et j'ai dû me faire opérer à la rentrée, juste avant d'intégrer la fac. Les chirurgiens m'ont pris un bout de la crête iliaque (l'os de la hanche) pour faire la jonction entre les deux parties du poignet. Pendant trois mois, je n'ai pas été opérationnel et je devais faire l'impasse, à l'université, sur les épreuves sportives. Concentrant alors mon énergie sur les épreuves théoriques et scientifiques, la physio, la sociologie, l'anatomie, j'ai cartonné mais au moment de la répartition dans les groupes de sport des étudiants par niveau, je me suis retrouvé en équipe C au foot car je ne pouvais pas jouer ! Et ma note, forcément, s'en serait ressentie. Du coup, j'ai choisi l'athlétisme en option, car j'étais assez rapide et c'est une discipline complète qui me permettait de voir plus de choses en termes de préparation physique (force, vitesse, endurance), sans solliciter mon poignet. Aux championnats de France universitaires, à Saint-Étienne, tout proche du stade Geoffroy-Guichard des Verts, je courais le 4×100 mètres comme un footeux, c'est-à-dire sans technique, mais j'ai réalisé de très bons temps dans cette compétition. Lors du saut en hauteur, j'ai passé 1,98 mètre, je ne pensais pas y arriver avec ma taille (1,88 mètre) mais j'y suis parvenu grâce aux profs. Mes profs, justement, ceux du collège, je vais les retrouver pendant la seconde année de STAPS au cours de laquelle un stage comme professeur d'EPS est obligatoire. Pas par simplicité, au contraire, mais par défi personnel, j'ai décidé de retourner à Saint-Cyr-L'École, au collège Jean Racine, l'établissement où il m'a été si difficile de trouver ma voie, d'être écouté ou entendu. Le plus amusant avec ce stage, c'est que j'avais accès à la salle des profs devant laquelle je pressais le pas, avant, avec l'angoisse de me faire alpaguer… Le stage a duré six semaines, mais il était écrit que je ne trouverais pas ma voie dans ce collège, définitivement, même s'il fut instructif dans la mesure où il m'a ouvert les yeux sur ce que je voulais faire et, surtout, ce que je ne voulais pas faire. Être prof de sport, dans mes rêves d'enfant sans ambition, je l'avoue aujourd'hui, c'était bénéficier des vacances scolaires, ne pas avoir de copies à corriger comme les autres profs, l'assurance d'un emploi pérenne. Bref, être un fonctionnaire. Mais, en un mois, j'ai trouvé le moyen de m'ennuyer, je m'imaginais, plus tard, vingt ans après, avec les mêmes cours, le même sifflet, les mêmes ballons, à faire courir les élèves dans la cour, devoir composer avec ceux qui ne voulaient pas faire de sport, qui débarquaient en jean et chaussures de ville. Avec cette crainte d'un éternel recommencement, à chaque rentrée. L'instinct de survie, encore une fois, m'a détourné de cette routine qui m'attendait et, heureusement, j'ai changé de voie, et pris un nouveau virage afin de rejoindre une licence spécifique aux métiers de la forme et disciplines associées à Orsay où j'ai fini dans le top de ma promo. C'était une formation à caractère professionnel en contact avec des gens du marketing sportif, du fitness, pas seulement des profs. On était dans la pratique entrepreneuriale, on devait développer des projets, notamment en tant que responsables d'équipe : il fallait apprendre à tout gérer, la communication, la comptabilité du sport, mais aussi être sur le terrain, savoir coacher, animer une séance, etc... Cela m'a beaucoup aidé pour la suite car on était en plein dans l'entrepreneuriat, c'était plus poussé et compliqué de monter ce type de projet viable au sein d'une entreprise et d'aller jusqu'au bout. Dans le cadre de mon cursus, mon choix s'est porté sur la structure de colonies de vacances, Viva, avec qui j'ai créé un nouveau séjour pour ado de quatorze à dix-sept ans à caractère sportif. Olivier Ducelier, le patron de Viva, a vu mon évolution, il m'a fait me sentir important en me confiant ensuite toutes les tranches d'âge. C'est quelqu'un de très cérébral, pédagogue, j'ai appris de lui, dans la façon d'aborder les gens, de les analyser, d'en tirer le meilleur. Très vite, il m'a offert des responsabilités, m'a imposé comme directeur du séjour ; des choses que je n'aurais jamais pu imaginer quelques années auparavant. Moi, directeur ! Je me souviens des heures passées au bureau, au 17e étage de la Tour Montparnasse, l'ambiance était cool, jeune, ça parlait sport tout le temps, j'étais bien, c'était une belle époque. Olivier m'a donné carte blanche pour organiser des séjours à l'étranger et, après quelques semaines de réflexion, j'ai lancé l'idée d'une colonie de trois semaines en Croatie en 2004 pour des adolescents. Avec Olivier, on est partis en repérage, sur place, de Dubrovnik à Zagreb, avec l'idée de préparer des treks sur les îles croates. Je voulais que cela se passe parfaitement, que les jeunes découvrent un pays de trois façons différentes : par le trek, les croisières sur voilier et le farniente. Pendant deux ans, le séjour a fait le plein. J'avais atteint un objectif, il me fallait en trouver un autre – d'autres. J'avais pris le goût du voyage, je m'y étais épanoui. Il fallait, cette fois, que je me lance seul.

#FAIRE CONFIANCE À SA VOIX INTÉRIEURE.

Souvent appelée intuition ou sixième sens, cette petite voix intérieure nous appelle lorsqu'on a un choix à faire, des décisions à prendre. On a souvent tendance à la négliger. Aujourd'hui, avec l'hyper « technologisation » (réseaux sociaux, Internet, mondes virtuels, etc.), il est de plus en plus difficile d'entendre cette voix intérieure. Nos choix sont plus rationnels, presque guidés. Pour ma part, j'ai toujours eu cette envie de voir plus loin que mon quartier, ma ville et mon pays. Ces envies ont très souvent été guidées par cette voix intérieure. Reconcentrez-vous sur votre personne et écoutez-VOUS.

TÉMOIGNAGE
OLIVIER DUCELIER,
PRÉSIDENT DE VIVA, ENTREPRISE ORGANISATRICE DE COLONIES DE VACANCES

« C'est un caméléon. »

« Avec Joe, notre première rencontre s'est faite à l'occasion d'une colonie de ski en Suisse. Une semaine avant le grand départ, j'avais eu un désistement au sein de mon équipe d'encadrants et j'avais eu besoin de quelqu'un rapidement. Une de mes animatrices, qui connaissait Joe depuis la maternelle, m'avait parlé de lui : "Tu vas voir, il est un peu différent des animateurs qu'on a, il vient des quartiers, mais je m'engage pour lui car il passe super bien avec les jeunes." C'est la première fois que cela arrivait, mais on a recruté Joe sans le voir. J'avoue, j'étais un peu dubitatif et, du fait de sa corpulence, je lui avais confié la chambre des douze à quatorze ans, les participants les plus âgés. Le premier matin, les ados m'avaient réveillé à 6 heures du matin et j'étais allé voir Joe pour lui expliquer que sa chambre commençait à déconner, que le lendemain, je ne voulais pas entendre un bruit à 6 heures le matin, que je le voulais devant leur porte à cette heure matinale. Pas sûr qu'il ait compris la consigne, le lendemain, j'avais mis mon réveil et j'étais allé voir s'il était bien réveillé. Quand j'ai ouvert ma porte, je suis tombé nez à nez avec Joe et je me suis dit « avec lui, il y a un truc ». On a appris à se connaître ensuite, sur d'autres missions, jusqu'à ce qu'il me demande, dans le cadre de sa formation en STAPS, de faire son stage chez nous. Pendant trois mois, il a piloté le projet d'une colo en Croatie, tout était à construire, de la prise de contact avec les prestataires à l'encadrement, en passant par le repérage sur place. Il n'était pas là pour monter cette colo à vide, il fallait que cela soit utile à l'entreprise. Je ne sais pas pourquoi, mais Joe est quelqu'un à qui on a envie de donner des responsabilités. Pas par empathie ou parce qu'il vient d'un quartier, puisqu'il n'en parlait jamais sauf quand je l'interrogeais. Son papa en prison, par exemple, je l'ai su il y a très peu de temps, il n'a jamais usé de son histoire pour obtenir des choses. Joe sait s'adapter à tout et j'assistais parfois à des scènes incroyables ! Quand ses potes de Saint-Cyr l'appelaient, il pouvait utiliser le vocabulaire du quartier que parfois je ne comprenais même pas et, dix minutes plus tard, il s'entendait sur des tarifs avec un prestataire. C'est un vrai caméléon ! Quelqu'un qui n'est pas haineux, ni aigri et qui, du coup, lorsqu'il vous dit quelque chose, est crédible. L'élément central de son histoire, c'est qu'il n'a pas changé, il est resté ce garçon souriant et poli, avec un charisme naturel et des idées qu'il sait défendre. Il n'a rien perdu de sa simplicité et quand mon fils Lucas a eu envie de faire une interview de Joe sur son métier de coach, je l'ai invité à le contacter via Facebook. Joe a des milliers d'amis sur ce réseau mais dans l'heure, il donnait une réponse positive à mon fils. C'est un garçon très reconnaissant et je suis très ému qu'il ait pensé à moi pour témoigner dans son livre. Je ne sais pas si, comme il le dit, il a appris de mon approche relationnelle avec les gens ; ce garçon est tellement ouvert, il s'imprègne de tout. Nous n'avons jamais été dans un rapport de maître à élève, il écoute tout simplement et il apprend vite les clés. Dans sa relation avec les stars, aujourd'hui, c'est essentiel. Si je l'ai aidé, c'est parce que je l'appréciais, il fait partie des deux ou trois personnes pour lesquelles j'ai une grande tendresse. Et si j'ai pu servir à quelqu'un, cela me rend d'autant plus heureux. Il mérite tout ce qu'il lui arrive, car il ne joue pas un rôle, ce qu'il raconte, il l'est vraiment. C'est très euphorisant de le voir arriver à son niveau, on se dit que c'est possible, c'est une belle histoire à raconter aux autres, surtout qu'il n'a pas perdu ce qu'il est. Il me parle comme il le ferait avec un acteur connu et c'est ce que recherchent les gens. Il pourrait diriger un stage de remise en forme chez les troisième âge, il y mettrait autant de cœur. »

CHAPITRE 7

À L'AUTRE BOUT DU MONDE

Après la fac et ces premières expériences professionnelles, je me cherchais encore, j'avais le sentiment de n'avoir pas encore tous les éléments, tous les atouts pour aller là où je le souhaitais, pour atteindre tous mes objectifs. Bouger, pas seulement de Saint-Cyr-L'École, de Paris, mais quitter la France, me mettre en danger, sortir de ma zone de confort, sentir l'excitation du grand départ. Je suis parti à New York pendant trois mois pour sonder ma motivation, prendre la température pour un premier vrai voyage. J'ai opté plutôt pour les États-Unis que l'Australie pour des raisons pratiques, c'était moins galère au niveau des visas et mon oncle Raymond (avec qui j'avais grandi) et mon cousin Herman y vivaient. C'était rassurant. Mais j'ai galéré, quand même, en bossant au black, dans des restaurants, de la livraison. C'était hard, il faisait froid, j'ai aussi déneigé des parkings de magasin, payé en cash. Ça a été dur, mais j'avais pris le virus du voyage, de l'aventure et des challenges ! Je me suis senti vivant pendant ces trois mois jusqu'à mon retour en France à l'expiration du visa. J'ai trouvé du travail dans une boîte d'événements sportifs, à Levallois. Du team building dans des entreprises où les salariés n'échangent pas : on organisait de grands jeux avec une dominante sportive pour recréer du lien entre eux, les confronter dans un contexte à la fois ludique et compétitif. D'abord comme animateur, puis, très vite on m'a donné la responsabilité de gérer les groupes dans l'enceinte des Châteauform'. Le tableau était idyllique, sauf sur un point : je devais, parfois, encadrer des groupes anglo-saxons et je ne parlais pas bien anglais, seulement quelques rudiments, des souvenirs lointains et vaporeux du collège. C'était l'argument de mon patron pour ne pas m'augmenter et, avec le recul, je comprends sa position. Plafonné à 1 500 euros par mois, je ne voyais plus de perspective d'avenir, je craignais que le métier ne m'intéresse plus. Mais cette limite était personnelle, elle était de ma responsabilité, c'était à moi de changer, d'effacer cette lacune en langue. J'ai repensé à mon séjour à New York, à ce sentiment de grand vide, mais aussi de liberté que j'avais ressenti. En février 2006, trois mois après avoir quitté mon job dans la boîte d'événementiel, je prenais un billet pour Sydney, l'Australie. Je voulais partir du quartier, changer d'air, voir autre chose, m'ouvrir ! J'étais cool à Saint-Cyr, j'avais mon petit noyau, on était bien, trop bien avec les copains. Pour apprendre l'anglais, l'Angleterre, à trois heures de chez moi était une option, mais justement, c'était encore la facilité ! En cas de galère, je pouvais revenir à tout moment à la maison, chez mes parents, dans le cocon. Je voulais aller le plus loin possible, être à vingt-quatre heures d'avion, ne pas avoir la tentation de rentrer pour un coup de blues. L'excitation de l'inconnu, le grand saut, sans filet. Ce vertige, je l'ai eu dès les premières minutes sur le sol australien. En atterrissant à Sydney, il faisait encore un peu chaud, le soleil se couchait tout juste dans un décor de carte postale, avec les palmiers, le volant du taxi à droite. Il ne s'était encore rien passé, sur cette île immense, les sentiments se mélangeaient, l'excitation, la peur aussi. Car j'avais pris un billet open, sans retour prédéfini, pour 1 400 euros et je suis parti avec quasiment la même somme dans les poches, ce qui n'était pas un truc de fou. Si je m'étais assis dessus, tout aurait été dilapidé, je serais resté maximum deux semaines avant de rentrer comme un idiot parti en vacances. Cet argent devait fructifier rapidement. J'ai commencé par me rendre dans l'auberge de jeunesse que j'avais réservée et où je suis resté seulement quelques nuits. C'était dans le quartier de Kings Cross, l'équivalent de Pigalle à Paris. Un endroit sale, où tout le monde se bourrait la gueule, faisait la fête, ce n'était pas mon délire. Je n'avais pas traversé la planète pour connaître ce genre de plan, ces premières nuits sans but, presque caricaturales. Les premières semaines, à droite, à gauche, furent une galère, à cause de la langue surtout. J'avais honte de m'exprimer. Un réflexe très français, puis, un jour, j'ai eu le déclic : « Personne ne me connaît, personne ne va se moquer de moi ! » Loin de chez moi, des regards qu'on aurait pu poser sur moi, mon accent, je me suis lancé, au culot, en vendant notamment des cartes bancaires à des particuliers, un petit boulot que j'avais trouvé dans les petites annonces publiées dans le journal local, le *Sydney Morning Herald*. Le speech commercial était écrit à l'avance, je l'apprenais par cœur au début, comme un robot. Chaque mot, chaque phrase, je les connaissais sur le bout des doigts, cela avait un côté débit automatique, pas très spontané dans la démarche commerciale et il ne fallait pas me poser de questions, ne pas me demander de précisions sur les contrats ! Mais c'était important pour la confiance et, tout doucement, j'ai appréhendé la langue, les expressions, les intonations. Puis j'ai vendu ma première carte bancaire et je me suis dit : C'est bon, je parle de taux en anglais, j'ai du vocabulaire dans le domaine financier, je deviens crédible. Le fait de réussir à vendre un produit dans un domaine complètement inconnu pour moi m'a rassuré. Si je peux vendre une carte de crédit, alors je peux *me* vendre aussi. La barrière mentale avait sauté, j'allais vers les gens, je rencontrais de plus en plus de monde, mais pas des Français afin d'éviter l'entre-soi. Des Russes, des Australiens bien sûr... Je devenais presque comme eux, mais, avant d'y parvenir, il a fallu éviter certains écueils, adopter leurs habitudes et tous les matins, je prenais le *Sydney Morning Herald* que je lisais, avec difficulté au début, en quête de petites annonces pour trouver un travail et un logement. Fred, un expatrié français, est arrivé ainsi dans ma vie, après un coup de fil au cours duquel il m'a demandé, après avoir entendu mon accent et mon anglais scolaire : « Mais vous êtes Français ? » Fred vivait en Australie depuis quarante ans, connaissait tout du pays, de ses mœurs, il a été un formidable guide pour le petit Frenchie que j'étais. Et même plus que ça puisqu'il m'a rapidement sorti de mon auberge de jeunesse insalubre et mal fréquentée pour me loger dans un grand loft de 120 mètres carrés sur Oxford Street, pas loin de Paddington Markets, à partager avec des Russes, des Écossais, des Hollandais. C'était l'Auberge espagnole à Sydney. Comme dans le film avec Romain Duris, j'ai ressenti les mêmes bonnes sensations, les mêmes délires avec des coloc' top, ouverts sur le monde et les autres cultures. Cet esprit a participé à ce que je n'aie plus peur. Après le logement, c'est un boulot que Fred m'a trouvé. Lui gérait plusieurs locations dans la ville et cherchait une personne de confiance pour s'en occuper, refaire des peintures, organiser des déménagements. En échange, je ne payais pas le loyer, le bon plan parfait pour Fred comme pour moi dans un premier temps. Puis Fred a entendu parler d'un vendeur de fruits et légumes qui cherchait un gars, dans le Eastgate *shopping center* de Bondi Junction, la bien-nommée jonction entre la ville et la plage, un quartier qui bouge. Ne maîtrisant pas encore assez la langue, j'ai débuté dans l'arrière-boutique d'Harry, le patron, un immigré grec, pour me familiariser avec le nom des fruits, des légumes et les codes du métier.

Je commençais à décharger le camion vers midi, quand il rentrait du marché où Harry s'approvisionnait, je rangeais les marchandises dans la chambre froide, je découpais les fruits, je réalisais l'étiquetage. Heureux, j'avais mon yaourt et mon jus de fruits frais tous les soirs, quand je rentrais chez moi. Cela a duré deux ou trois mois, puis j'ai eu envie d'autre chose, de m'enrichir, de me nourrir d'autres expériences. Je craignais que cela passe trop vite, que je m'enferme dans ce job chez ce vendeur. Surtout, la cueillette dans les fermes, le *fruit picking*, était une des conditions administratives pour voir son visa prolongé d'un an. Le gouvernement australien, parce qu'il a besoin de main d'œuvre dans ce secteur d'activité, prolonge le Working Holiday Visa d'une année à tous ceux qui se lancent dans ce travail saisonnier. Mon sac de nouveau fait, j'ai mis le cap sur Leeton, à 600 kilomètres à l'ouest de Sydney, dans la Nouvelle-Galles du sud, la vraie campagne australienne. La vraie ! J'ai débarqué dans une pseudo-ferme, avec un bus à l'abandon qui servait de chambre, des caravanes ; c'était un ghetto dans la campagne ! Michael, le patron, est venu me chercher en pick-up et m'a expliqué les règles : une fois par semaine, il nous emmenait au centre commercial pour faire nos courses, il nous payait 20 dollars australiens par « container ». Le prix est fixé à la caisse remplie, chaque container pouvant accueillir plus de 100 kilos d'oranges. Plus vous êtes costaud, plus vous remplissez de caisses et plus vous gagnez d'argent. C'est la loi du plus fort qui s'applique dans ce genre de travail. On portait des sacs de 20 à 30 kilos, qu'on vidait ensuite dans les box. Avec Bart, un Hollandais, un bosseur comme moi, on n'était pas là pour rigoler, mais pour l'oseille. Alors on a envoyé du lourd, on s'imposait un rythme important, on se faisait 120 dollars par jour chacun. Du lundi au vendredi pendant trois mois, le même quotidien, la même routine, pénible mais indispensable à mon apprentissage. Rien n'aurait dû bouleverser cet ordonnancement, j'aurais dû passer mes journées, dans la poussière, sous le soleil brûlant de Leeton, pendant encore quelques mois jusqu'à obtenir mon visa, puis prolonger l'aventure et trouver mieux. Puis l'histoire bascule.

Michael, le patron, me lance un jour : « Tu ressembles à Thierry Henry, on ne te l'a jamais dit ? Tu joues au foot ? » Son beau-frère était le président du club de Leeton, un Italien féru de foot. Quand il a appris que j'avais joué à un bon niveau régional en France, il est devenu fou et m'a invité à faire un essai avec son équipe première. Je n'avais même pas de chaussures, je suis passé directement des orangeries au terrain de foot, en deuxième division australienne ! Un niveau qui relève du semi-professionnalisme là-bas, mais en France, c'est l'équivalent du foot amateur régional : en-dessous, donc, de ce que j'avais connu. L'essai fut concluant. Tellement que le président du club voulait que je joue dès le dimanche, et ils m'ont fait une licence en urgence. Mais à cause du boulot, très physique, éreintant même, je n'étais pas frais pour jouer le week-end, je ne pouvais pas exprimer toutes mes qualités. Le président du club en a parlé à son beau-frère Michael et ils se sont arrangés en me trouvant un autre boulot dans l'entreprise de palettes de bois du président. Mon rôle ? Clouer des palettes avec un pistolet à air comprimé, presque un travail de bureau en comparaison du remplissage de box d'oranges. Très vite, cette histoire de foot a pris des dimensions incroyables, surtout que, là-bas, les gens n'ont rien à faire d'autre que travailler. Alors, quand ils ont du temps libre, ils viennent voir les matches. Et on a commencé à parler de moi dans la presse locale, du petit Français qui ressemble à Thierry Henry et évolue dans le championnat de deuxième division australienne. Le sport m'a rattrapé, encore, même à l'autre bout de la planète. Un jour, on est qualifiés pour la Coupe de Nouvelle-Galles du Sud, une compétition importante, et on doit affronter une équipe de Sydney le week-end où ma femme a prévu de me rejoindre. Je ne peux pas jouer, partir tout un week-end, alors qu'elle débarque spécialement en Australie pour passer du temps avec moi, que tout est calé depuis un moment. Les dirigeants comprennent la situation et décident de me payer l'avion pour aller chercher Céline à Sydney, mais aussi des billets pour nous deux jusqu'au lieu où est prévu le match. Ils sont prêts à tout pour que je joue, car on a une vraie chance, une belle occasion de se qualifier. Sauf que rien ne se passe comme prévu. L'avion de Céline, en provenance de la France, a du retard, tout est décalé et on rate nos correspondances ; mais les dirigeants ne m'en ont jamais voulu. Surtout qu'au match retour, j'ai claqué un triplé. Tout était pardonné. Au lieu de trois mois, je suis finalement resté le double à Leeton où je me suis éclaté, où j'ai vécu, déjà, mille expériences, rencontré de sacrés personnages. Mais c'est à Sydney que tout se passait et j'ai décidé d'y retourner, de retrouver aussi Harry, le vendeur de fruits et légumes. Sur le plan du logement, je suis reparti de zéro et me suis retrouvé en colocation avec

Grant, un surfeur, avec qui j'échangeais facilement grâce à mes progrès en anglais, sur le surf, le wakeboard qu'on pratiquait... La vie australienne à fond, comme je l'espérais. Toute la journée, je parcourais la ville de long en large, je voulais m'en imprégner et comme j'ai un bon sens de l'orientation, très vite, j'ai compris Sydney. J'en viens même à aider des touristes, je me repère parfaitement, je connais les quartiers, les rues, l'architecture de la cité. Je n'ai plus peur, je suis venu pour ça. J'ai, quelque part, réussi tout ce que j'ai entrepris en France, même si, mine de rien, on m'a mis des bâtons dans les roues. Je voulais savoir si cela venait de moi et j'ai constaté que à des milliers de kilomètres de mon quartier, je peux me réaliser, sans préjugé. À Saint-Cyr, j'étais devenu une référence dans mon quartier, notamment auprès des petits que j'avais encadrés et qui me savaient en Australie, mais la question, avant de rejoindre Sydney, était : est-ce que je peux repartir de zéro ? La réponse était là, sous mes yeux, évidente dans les rues australiennes. Je ne le savais pas encore, l'Australie allait changer ma vie. Pas seulement pour la langue, mais également dans mon approche professionnelle. C'est à Sydney, sur les plages de sable de Clovelly Beach et de Bondi Beach que mon avenir s'est dessiné, à des milliers de kilomètres de chez moi, de ce collège où je rêvais de devenir professeur de sport. C'est à Sydney que j'ai trouvé ma voie : je serais coach sportif.

#NE PAS ÉCOUTER LES GENS.

Que ce soient les médisants qui ne veulent pas spécialement vous voir réussir, les *haters* qui veulent vous voir chuter quand vous avez réussi, ou bien vos proches, pas parce qu'ils vous veulent du mal, mais au contraire parce qu'ils vous aiment. Il est difficile pour un parent, un ami proche ou la famille, de vous envoyer vers des difficultés, très souvent ils essaieront de vous protéger de ce dont ils ont peur, EUX. Sauf que vous seul savez ce dont vous êtes capable et ce que vous êtes prêt à faire pour aller au bout de vos rêves, alors FONCEZ.

TÉMOIGNAGE
GRANT DIVALL, AMI AUSTRALIEN

« Quand j'ai rencontré Joël en Australie, j'ai été saisi par son charisme.

Son enthousiasme est communiquant. Il aime la vie, il aime s'amuser. Nous sommes devenus amis en un clin d'œil, car je pense que chacun a reconnu sa personnalité dans l'autre, comme face à un miroir.

Si je ne suis pas surpris par son ascension sociale, je suis vraiment impressionné par tout ce qu'il a déjà réalisé. Par vantardise, j'adore raconter l'histoire de mon pote devenu une célébrité sur plusieurs continents !

Pourquoi ne suis-je pas surpris ? Quand vous connaissez l'énergie de Joël et sa soif de vivre, vous avez forcément envie de le suivre jusqu'au bout du monde.

Lorsque j'ai voulu découvrir la France, Joël ne s'est pas contenté de me loger chez lui : il m'a fait visiter Paris sur sa moto et m'a présenté à sa famille et ses amis.

Si "Coach Joe" revenait en Australie, on l'appellerait "Bloody top bloke", que l'on pourrait traduire en français par "putain de mec". C'est un titre que mes compatriotes donnent seulement aux hommes qu'ils admirent et à qui ils veulent ressembler. »

CHAPITRE 8

COMMENT JE SUIS DEVENU COACH

Le matin, alors que j'allais vendre mes cartes bancaires dans les rues de Sydney ou prendre mon emploi au magasin de fruits et légumes, j'avais remarqué un drôle de manège. Très tôt, des gens partaient en petit groupe sur la plage avec ce qui ressemblait à un meneur, un coach, avant, ensuite, de filer à leur boulot. Avec toute la tenue d'athlète, les baskets flashy, les cuissards, les maillots cintrés, tous facilement repérables à des dizaines de mètres. Je les observais sans trop savoir s'ils faisaient partie d'un club, si c'était un groupe de copains et de copines, mais leur ballet m'intriguait d'autant plus qu'il y avait ce gars qui tirait tout le monde, les motivait, les encourageait, les faisait suer. Le boss, quoi ! Et la scène se répétait tous les jours, matin et soir, avec différents groupes, par dizaines sur Bondi Beach. L'Australie, dans son rapport au sport, m'apparaît alors très en avance, encore plus en termes de coaching personnel. C'est un mode de vie de faire du sport pour les Australiens, avant d'aller au bureau ou pour finir la journée. Un jour, je me suis lancé, j'ai questionné l'un des coaches croisés sur le front de mer : il m'explique qu'il prend 20 à 30 dollars par personne et par heure et encadre des groupes de cinq à dix éléments. Il pouvait se faire jusqu'à 300 dollars de l'heure, pas mal ! Et le soir, il remettait ça ! Mon visa et mon aventure sur cette immense île touchaient à leur fin, je me suis dit alors qu'il y avait quelque chose à creuser à mon retour en France, une piste à suivre, car ce job semblait mêler ma passion pour le sport et le relationnel, l'humain, avec des gens qui ont vraiment envie de pratiquer, avec une démarche, des objectifs. Tout pour m'éclater, m'épanouir. On est loin de la cour d'école du collège Jean Racine et de mon stage avec des élèves à la motivation assez aléatoire. Le problème, c'est qu'il n'y a pas de plage à Saint-Cyr, mais j'avais déjà tâté, un peu, du coaching, avec mon frère Yannick, quelques années plus tôt. Il faisait pourtant du foot, il était bon en plus, mais il était obèse, il n'y a pas d'autres mots. Il subissait ses kilos en trop qui ont gâché des moments de sa vie. À quinze ans, il pesait 120 kilos, ce n'était même plus une question d'image, cela devenait préoccupant pour sa santé, son futur. Une nutritionniste l'avait conseillé, mais cela n'avait pas fonctionné, il n'y croyait pas, n'était pas impliqué.

Il ne faisait pas attention, il faisait le yoyo avec la balance, sans hygiène alimentaire. À dix-huit ans, tout seul et sans qu'on le force, il s'est mis au sport, avec acharnement et conviction. Dès que je pouvais le booster, je le faisais, car cela m'énervait de le voir, sur les terrains de foot, ralenti par ses kilos. À l'époque, je n'avais pas encore les connaissances pour coacher quelqu'un, ni ne savais comment approcher les gens. On allait faire les escaliers dans la forêt du Bois-Cassé, dans Saint-Cyr-L'École, à la dure. On se faisait mal, on ne lâchait rien, on pratiquait les mêmes exercices alors que nous n'avions pas la même morphologie, une erreur. Mes séances n'étaient pas structurées, mais j'apprenais sur le tas, avec un élève qui a démontré qu'avec de l'envie, de la volonté, on pouvait tout changer. Aujourd'hui, Yannick pèse 76 kilos pour 1,78 mètre. Moins 50 kilos sur la balance !

De retour en France, j'ai l'impression d'avoir trouvé le travail de mes rêves, celui après lequel je cours depuis des années, je n'ai jamais été aussi proche de me réaliser. Pourtant, après Sydney, j'ai passé trois mois en « *bad* », un petit coup de déprime après avoir vécu plus d'un an avec des gens qui m'avaient ouvert leur porte, qui m'avaient accueilli, dans un rapport à l'humain totalement différent de ce qui peut se passer en France où on met de la distance, où il y a de la méfiance. Le soleil, les plages, le contexte tout simplement, n'y étaient probablement pas étrangers.

La transition a été compliquée, le décalage déprimant. Quand j'ai débarqué, en février, à Saint-Cyr, il caillait, il pleuvait, le contraste était trop important, je n'étais pas prêt et j'ai mis un moment avant de me remettre dedans. Puis j'ai sorti la tête de l'eau en croisant Sébastien, un ami qui était avec moi sur les bancs de la faculté de sport quelques années auparavant. Encore une rencontre au hasard, au détour d'une rue ou plutôt, cette fois-ci, au détour d'une station de métro. À Duroc, précisément. On a échangé sur nos expériences personnelles, moi sur l'Australie, ma découverte du coaching et lui sur son métier de… coach ! Il évoluait alors dans une salle de sport qui utilisait le Power Plate, le truc phénomène à l'époque. Et la salle qui l'employait cherchait, justement, un coach. L'occasion était d'autant plus belle que mon pote lui-même me formait sur cette machine et j'ai découvert, en encadrant des athlètes, que j'avais un contact direct plutôt cool et facile avec la clientèle. C'était spontané, naturel, comme si, sans le savoir, j'avais toujours été fait pour ça. Ce premier pas dans le coaching me convenait parfaitement même si je n'étais pas aux trente-cinq heures, que je gagnais 1 200 euros par mois. C'était cool et je suis resté six mois dans cette salle de sport, un peu comme dans un centre de formation où l'on m'a appris les bases pratiques, avant de migrer vers une autre salle, à Montrouge. Avoir constamment l'envie de bouger ne me paraissait pas être un problème, au contraire, je voyais plutôt ça comme une progression, l'envie de me remettre en question, d'apprendre, encore. J'ai décroché, cette fois, un CDI de trente-cinq heures, mon réseau s'agrandissait en dehors même de la salle, pour des séances privées, chez des particuliers. Le travail était différent, très personnalisé, adapté aux demandes de l'athlète, à ses attentes, sa morphologie, sa personnalité également. J'ai découvert aussi les premières séances à domicile, à la demande des personnes rencontrées en salle, le coaching n'étant pas aussi développé qu'aujourd'hui à Paris. Mon premier cours à domicile fut pour un cardiologue qui habitait à Montrouge et que sa femme, une de mes habituées porte d'Orléans, m'avait présenté. La première fois, chez lui, j'étais stressé par l'idée que tout pouvait dépendre de cette première séance individuelle : je ne pouvais pas me planter, j'avais la pression, surtout au regard de sa profession ! Toute la base d'un éventuel réseau qui pouvait se développer ou, au contraire, s'écrouler tenait dans cette heure de sport, au cœur d'une belle maison. Ce monsieur avait cinquante-cinq ans, je ne pouvais pas faire n'importe quoi, pousser la machine au-delà de ses limites, je n'étais pas en terrain conquis comme aujourd'hui. Il fallait que j'apprenne à le connaître, à le jauger physiquement et psychologiquement, sans le blesser ou mettre sa santé en danger. C'est une des facettes de ce métier qui ne se concentre pas seulement sur la perte de poids, la prise de masse musculaire ou la performance sportive. Cerner les personnages relève de l'approche psychologique ! Sur ce plan j'ai beaucoup appris, progressé, parce que finalement, les exercices physiques n'ont rien d'extraordinaire, ni de révolutionnaire. Donnez-moi n'importe qui aujourd'hui, je sais comment l'aborder psychologiquement pour l'amener à se réaliser, lui soumettre des challenges qu'il ne pensait pas lui-même pouvoir réussir. On se donne des limites, parfois, comme moi à l'école, et on sous-estime son potentiel, alors que dans certains cas, il peut être énorme. Ces débuts dans le coaching et dans la vie professionnelle, m'ont rassuré, mon réseau se développait et se fidélisait. J'aime le contact avec les gens. Aujourd'hui, 80 % de mon travail, c'est du relationnel, je passe de la petite dame de soixante ans avec un travail de posture à un acteur qui prépare un film ou à un infirmier stressé qui a besoin de se défouler, de boxer. Le spectre est très large et heureusement, sinon je me serais ennuyé très vite si j'avais eu le même profil de personne à chaque séance. Ce qui m'intéresse, c'est de refaire le travail psychologique pour chaque nouvelle personne. C'est pour ça que je m'ennuyais comme professeur de sport, lors de mon stage, les échanges étaient très limités avec les élèves. Le sport leur était imposé, cela n'allait que dans un sens, moi vers eux. Les valeurs d'efforts, de civisme notamment, que je souhaitais leur passer via le sport comme on me l'avait appris à la fac relevaient de l'utopie sur le terrain. Me battre avec eux, relancer le même processus chaque année, l'agacement aurait laissé place à la résignation. Pour qu'un coaching réussisse, la personne doit être demandeuse, il faut qu'il y ait de l'interaction, qu'on s'enrichisse mutuellement. J'ai, du reste, gardé beaucoup de contacts avec des personnes que j'ai coachées. Elles appréciaient, je pense, que je puisse rentrer de mes tournées avec Kanye West tout en leur offrant la même prestation, la même énergie ensuite, sans me prendre pour un autre. Certains ne comprenaient même pas que je puisse continuer de les coacher alors que j'avais le plus grand rappeur du monde dans mon carnet d'adresse !

Un carnet, aujourd'hui, avec une certaine valeur. Désormais, je facture mes séances autour de 200 dollars à Los Angeles, pour monsieur et madame Tout-Le-Monde en comparaison de Kanye ou des Kardashian. Cela reste quand même le haut du panier par rapport à mes athlètes rencontrés en région parisienne. Mais, dans les deux cas, le lien est vrai avec ce type de personne, alors que Kanye West et Kim Kardashian ne se lâchent jamais vraiment comme Monsieur-Tout-le-monde. Ce qui est normal, même s'ils s'ouvrent de plus en plus avec la confiance qui s'est installée entre nous. Et puis je les traite comme n'importe quelle autre personne sur un tapis de sport, Kanye West ou pas, je m'en moque. Et inversement, je considère mes athlètes

« lambda » comme Kanye West, et tous apprécient d'être mis sur le même pied d'égalité.

Au fil des années, mon CV et mon réseau avaient pris de l'ampleur, le bouche à oreille avait fonctionné et, au moment de postuler à L'Usine, au bout de deux ans passés dans mes premières salles au sud de Paris, j'étais serein, sûr de moi, avec le sentiment d'avoir une certaine légitimité. L'Usine, qui a ouvert en 2006, est une salle *hype*, branchée, où les gens de la mode, de la finance et du show-business se rencontrent. La salle où il faut être, à Paris, pour faire du sport. Je connaissais l'endroit grâce à une fille, N'bia Kerouicha, dite « Bibi », qui avait fait ses études avec moi et qui en était devenue manager. Travailler dans des salles à Paris, c'était déjà dingue pour moi, mais me retrouver à Opéra, croiser Justin Timberlake, Will Smith qui venaient faire du sport lors de leurs passages à Paris… J'ai adoré ce contact, c'est devenu ma motivation. Et, des années plus tard, cela reste un kif, je m'y entraîne encore, lors de mes retours de Los Angeles. Je m'y sens comme chez moi, et, à leurs yeux, je suis la belle histoire, l'exemple que les autres managers racontent aux coaches pour les motiver à travailler, à s'accrocher. Notre histoire avec L'Usine, c'est donnant-donnant, car je me suis construit mon réseau là-bas et, en retour, j'y ai fait entrer Kanye West, cela leur a fait de la pub, toute la presse s'y est intéressée. Le nom de L'Usine a commencé à tourner, mais, déjà, j'avais introduit Omar Sy à L'Usine, une connaissance d'enfance avec qui j'ai fini par travailler.

#NE PAS AJUSTER SON RESPECT DES GENS SELON LEUR IMPORTANCE.

Célèbre ou pas, important ou non, supérieur ou inférieur à vous... respectez tous les gens que vous rencontrez à toutes les étapes de votre vie. Sans exception. Ceux que tu croises en montant, tu les reverras le jour où tu redescendras. Et là, il est toujours préférable d'avoir entretenu de bons rapports, car on ne sait pas de quoi est fait demain.

TÉMOIGNAGE
YVONNE BAROUKH
DIRECTRICE DU CENTRE POWER PLATE DE MONTROUGE

« En 2008, j'ai permis à Joël de signer son premier CDI. Par sa simplicité, il m'a aussitôt inspiré confiance. Mes clientes l'adoraient. D'ailleurs, certaines m'en parlent encore aujourd'hui, quinze ans après. Elles sont très fières de son parcours. C'est un vrai professionnel, qui n'a pas changé d'un iota. Il y a deux ans, Joël est revenu nous voir et il se souvenait du prénom de chacune de ses sportives ! On a tous évolué ensemble. À l'époque, je n'avais pas l'impression d'être son employeuse. Nous avions plus une relation de partenariat. Si j'existais, c'était grâce à lui et s'il existait, c'était grâce à moi. Ce qui caractérise le coaching de Joël ? Jamais dans le jugement. Grosse, pas grosse, petite, débutante, peu lui importait. Dans son esprit, tout le monde pouvait y arriver. Et tout le monde y parvenait… sans s'en rendre compte ! Le secret de Coach Joe, c'est de faire travailler les gens en douceur. Avec lui, aucun exercice n'est considéré comme une montagne. Il savait persuader nos clientes que tout était possible. Il leur a donné le goût du sport, et elles ne l'ont pas perdu. Quand il a commencé à voyager avec Kanye West, j'étais ravie pour lui, c'était la suite logique de son parcours. Cependant, malgré le fait qu'il voyage dans le jet privé d'une star, je retrouvais le même Joël le lundi matin à Montrouge. Il était lucide. Il ne faisait aucune différence entre les femmes de la porte d'Orléans et Kanye West. Il n'a jamais oublié d'où il venait. Il n'a pas pété les plombs, n'a pas changé de femme. Dans sa vie, il progresse de façon constante. »

CHAPITRE 9

LES RETROUVAILLES AVEC OMAR SY

Avec Omar Sy, on a trois ans de différence. Au milieu des années quatre-vingt-dix, on s'est fréquentés mais sans forcément être amis, un peu par hasard, alors qu'on n'est pas tout à fait du même coin. Lui était de Trappes, moi de Saint-Cyr-L'École, à dix minutes en train, seule la station de Saint-Quentin-en-Yvelines nous séparait. La musique fut le premier point commun de nos parcours. Je dansais dans le groupe KSP (Komplice Sound Posse) où mon ami Youssouf rappait, et Omar gravitait autour d'un autre qui émergeait alors, RDP (Revendiqueur de Paix). Omar était toujours là, dans les concerts, quand on montait à Paris. On ne se voyait pas tous les jours, mais on se connaissait, on avait des amis en commun et on se retrouvait autour des barbecues, entre bandes, à Saint-Cyr ou Trappes, toujours avec le même plaisir. Notre relation a évolué ainsi, au gré des rendez-vous musicaux et des soirées, pendant trois ou quatre ans. Quand il était là, on était certain qu'il y aurait un bon délire : avec ses accents africains qu'il a popularisés ensuite à la radio et la télé, il nous faisait déjà pleurer de rire. Lui était en mode déconneur. Il jouait aussi de sa posture de grand baraqué, déjà. Il a fait des petites conneries mais je ne peux pas tout raconter ! Avoir Omar à ses côtés pendant une journée, c'était une barre de rire assurée. Et, très vite, il s'est démarqué de nous tous, par son talent. Il avait ce truc qui faisait qu'on le remarquait et il a commencé à faire ses sketchs sur Radio Nova, dès l'âge de dix-neuf ans, avec Jamel Debbouze, de Trappes comme lui. À l'écoute de sa voix sur les ondes, je reconnaissais immédiatement celle qui nous faisait délirer dans les trains, on ressentait une vraie fierté de le capter sur cette radio où il y avait du bon son, une bonne *vibe*. Puis il a pris une autre dimension, encore, en faisant ses premiers pas à la télévision, sur Canal+, dans *Le cinéma de Jamel*. Toujours le même personnage du « renoi » avec l'accent, il me faisait hurler de rire. C'était notre Omar, le même qu'on connaissait depuis des années, on en était tous fiers. Ce que les gens découvraient à la télé, nous, on le voyait depuis l'adolescence. À partir du moment où il a fait son trou, nos rendez-vous se sont espacés, on a commencé à moins se voir, pris par nos parcours parallèles, on se croisait juste lors de soirées, mais pas plus que ça. Jusqu'en 2009. On a repris contact quelques temps avant la préparation du film *Intouchables* grâce à une personne qui ne savait pas qu'on se connaissait, que j'ai rencontré sur le chemin de la salle de sport où je travaillais porte d'Orléans. Encore une fois, le hasard, le destin. J'étais en moto, j'avais mon casque, mes lunettes, j'étais méconnaissable. À un feu rouge à Montrouge, un gars a traversé la rue et m'a dévisagé : « Joe ? » C'était Ben, un pote d'enfance, qui avait toujours baigné dans la musique, bien implanté dans le milieu parisien, en tant que producteur et manager reconnu ayant travaillé avec les plus gros labels comme Warner, Def Jam, Believe. On a commencé à échanger, sur nos vies, nos boulots, on ne s'était pas vus depuis huit ou neuf ans, je l'ai invité dans ma salle de sport pour faire quelques séances. On était heureux de se retrouver, de parler du bon vieux temps et des délires, on en était là, sans pouvoir imaginer la suite. Un jour, il me rappelle et me dit qu'un de ses potes acteurs cherche un préparateur physique pour un film. À l'époque, j'étais en mode coaching à Montrouge, je développais tranquillement mon petit groupe de sportifs en parallèle, je n'avais pas encore commencé dans la salle *hype* de L'Usine, j'étais très loin du show-biz et des paillettes. Au bout de trois semaines, pourtant, un coup de fil de la femme d'Omar, Hélène, sans savoir qui elle était. Au téléphone, elle me confirme ce que m'avait dit Ben : son mari cherchait un coach en vue de la préparation d'un film, et on prend donc rendez-vous pour une première séance et faire connaissance. Une fois là-bas, quand j'ai sonné, Hélène a ouvert la porte et j'ai vu derrière elle, en arrière-plan, Omar. Mon pote Omar ! « Mais on se connaît ! » Un truc de fou. Toutes ces années loin l'un de l'autre et ce hasard, une rencontre dans les rues de Montrouge pour qu'on se retrouve et, surtout, qu'on travaille ensemble. Au niveau relationnel, l'accroche s'est faite tout de suite, naturellement, et comme une grande partie de mon travail est basée dessus, c'était plus simple ensuite pour la partie physique. Je suis fort sur ce point, à faire passer de l'extrinsèque à l'intrinsèque. Au début, les gens, par sympathie, font les efforts pour moi, parce que je me suis déplacé, parce qu'ils me paient, mais, ensuite, je parviens à transformer ça en « je le fais pour moi, et même si Joe n'est pas là, je vais réussir à faire mon travail ». Lui partait de rien, de zéro au niveau sport. Il m'a montré son ventre : « J'ai un gros film à préparer, c'est mon premier grand rôle, mais je ne peux pas montrer ça à la France. Il faut faire quelque chose. » Premier fou rire. Il m'a *pitché* vite fait le scénario, l'histoire de ce gars des quartiers difficiles qui se retrouve dans les beaux hôtels particuliers parisiens pour aider une personne tétraplégique. Il m'a annoncé avoir mis tous les atouts de son côté, en prenant une coach pour l'acting, en faisant un stage dans l'hôpital de Garches pour apprendre à y manipuler les personnes accidentées… Lui manquait juste un prof de sport pour que ce premier rôle soit une réussite. Au début, on a fait les séances chez lui, dans les Yvelines, mais pour des raisons pratiques, on s'est ensuite retrouvé sur Paris, dans la salle de sport de Canal+, tous les soirs, après ses heures de travail. Il n'a rien lâché, il s'est donné comme un dingue en parallèle de ses activités pour la télévision. On a eu trois mois pour bosser, pas pour perdre du poids ou faire des abdos, mais plutôt pour le renforcer car il était fragile du dos, il se coinçait les lombaires pour un rien. Trois mois pour le préparer à ce rôle où il devait porter, déplacer François Cluzet, l'autre acteur principal du film, qui faisait le poids mort pour être au plus juste de son rôle de personne handicapée. La scène étant tournée dix ou quinze fois, les répétitions étaient usantes, Omar voulait se sentir fort du dos, solide, qu'on voie à l'écran qu'il était invincible. On a donc travaillé le renforcement de la zone lombaire, de la sangle abdominale, le premier mois. Ensuite, il est parti en vacances, je lui ai donné un programme à suivre pour ne pas perdre tout ce qu'il avait acquis jusque-là. Je ne savais pas dans quel état j'allais le retrouver, s'il allait être sérieux, se lâcher parce que c'était les vacances et que c'est humain. Mais il a pris conscience de l'importance du film, de la prépa, et quand il est revenu, il n'avait pas pris un gramme ! Pas mal quand on sait qu'il était allé aux États-Unis. Je me suis dit : OK, le gars est marrant, c'est un comique, mais il a une vraie conscience professionnelle. Pour être au top sur ce film, il avait tout fait pour réussir, et le dernier mois, on a pu bosser facilement, on a même fait un extra en fin de préparation pour qu'il perde 4 ou 5 kilos. Lors des premiers jours de tournage, il pesait 8 kilos de moins et les costumières avaient été obligées de retoucher ses habits pour le film ! La scène de danse, pour l'anniversaire du personnage joué par Cluzet, quand Omar met l'ambiance dans le salon un peu guindé, il était physiquement au point. Il me l'a dit, après : « J'étais trop bien, je pouvais faire le fou, j'étais rassuré. » Quand il a vu le film la première fois, il m'a appelé tout de suite pour me dire : « Franchement, je crois qu'il va se passer un truc. » Il sentait que cela allait marcher, c'est un garçon cérébral. On voit dans ce film qu'il a énormément travaillé. Et la récompense, c'est la reconnaissance du public, des critiques et son César du meilleur acteur. Chez moi, j'ai une photo de nous deux avec sa statuette, justement. Au moment du cliché, il m'avait glissé dans l'oreille : « Je te dois une partie de cette récompense, il t'appartient. » J'ai le César dans les mains et il me montre, une façon de dire : Il y est pour quelque chose lui ! Cette photo veut dire beaucoup pour moi, c'est la concrétisation de ma première préparation physique sur un film, avec un gars du 7-8, que je connaissais depuis gamin et « cerise sur le ghetto », le César est à la clé.

Beaucoup de choses ont découlé de cette collaboration avec Omar, et sans que lui n'intervienne directement ensuite dans le milieu. Il m'a juste mis en relation avec les acteurs et actrices qui le désiraient, qui lui demandaient comment il avait travaillé physiquement sur son rôle. Avec Gad Elmaleh, tout a débuté à l'occasion du film *Les Seigneurs* qu'Omar et Gad ont tourné ensemble. Là encore, avec Omar, on se fait une grosse prépa, spécifique foot cette fois, puisque le film raconte l'histoire d'une petite île bretonne qui doit sauver son entreprise de pêche en réalisant des exploits en Coupe de France avec son équipe locale. Dont font partie Omar Sy, Gad Elmaleh, JoeyStarr, Franck Dubosc, José Garcia et Ramzy. Omar, c'est plus un basketteur qu'un footballeur, dans la carrure et le style, et comme il voulait être le moins doublé possible dans les scènes de foot, il lui a fallu apprendre à faire des contrôles, des têtes, des passes. On allait sur le terrain de foot à Méré, chez lui dans les Yvelines, avec les crampons, pour toucher le ballon, avoir les sensations. Dans le rôle d'un pseudo-Lilian Thuram, défenseur, il avait un penalty à tirer, des têtes à faire sur des corners, on se concentrait donc là-dessus, sur ces gestes de base. Sur le tournage, quand il a débarqué en Bretagne, Omar était un des plus fit de la bande, ce qui a interpellé Gad qui enchaînait ensuite sur le tournage du film *Un bonheur n'arrive jamais seul*. Avec des scènes où il est torse nu, avec Sophie Marceau quand même, il ne voulait pas arriver dans la peau d'un gringalet et il a demandé, en voyant Omar, qui s'occupait de lui. Entre temps, j'avais commencé à travailler à L'Usine où je croisais Gad sans le connaître. Un matin, en arrivant à la salle, je vois son nom sur mon planning ! Il m'explique avoir parlé avec Omar et souhaite collaborer avec moi. Je l'ai suivi sur sa tournée ensuite, puis sur un autre de ses films, *Le Capital* de Costa-Gavras, où il jouait le rôle d'un trader de la City avec des costumes cintrés qu'il voulait bien porter. Les portes du cinéma se sont ouvertes peu à peu, le bouche-à-oreille a fonctionné et depuis, j'ai aussi travaillé avec Philippe Lacheau qui joue le rôle très physique de Nicky Larson, les comédiennes Leila Bekthi et Marina Foïs. Avec Marina, on a développé un lien assez fort, car elle est vraie, elle n'est pas people, bling-bling. Quand on est en séance, elle me pose des questions profondes, elle ne me parle pas de la météo, on va plus loin dans les discussions. On fait des pompes et, d'un coup, elle est capable de me lancer : « Qu'est-ce que tu veux faire de ta vie ? » J'étais pris de court au début, décontenancé, mais c'est vraiment elle, elle s'intéresse aux autres. On a eu des séances pas tant pour le physique que pour l'approche mentale, où elle se lâchait. Elle s'est parfois confiée à moi alors que je ne suis que son coach de sport. Mais elle est vraie, comme ça.

Le coaching, c'est aussi un laboratoire humain, une expérience de vie, avec ses déceptions mais, surtout, ses belles rencontres. Pour Marina, je serai toujours là, Omar sera éternellement une priorité. Pour eux, je suis présent quand tout va bien, mais quand c'est dur aussi, Omar le sait. D'autres, à l'inverse, m'ont déçu par la suite. Je pense que c'est comme dans tous les milieux, on ne peut pas plaire à tout le monde, et de toute façon, je n'ai jamais eu l'intention de travailler uniquement avec des célébrités. Si je me cantonnais à ce milieu, je ne serais pas heureux, ni épanoui car je resterais avec le même type de personnage, le même profil. Je sais ce que je leur dois, notamment sur le plan financier, car, à l'époque, ce sont eux qui font 50 % de mon chiffre d'affaires, aussi parce qu'ils consomment plus de séances, comme Khloe Kardashian que je peux voir entre trois et six fois par semaine, pas comme ma petite dame à Los Angeles avec laquelle on programme une à trois séances hebdomadaires. Ce lien avec la réalité, avec « la vie normale », j'en ai besoin, cela me remet les pieds sur terre, car, au final, c'est ça mon travail. Être à Cleveland pendant un mois et demi, comme en mai 2018, pour travailler avec Khloe qui a suivi son copain de l'époque Tristan Thompson, le pivot des Cavaliers de Cleveland, à l'occasion de la dernière finale de NBA, les tournées, les sublimes hôtels, les matches de basket avec Stephen Curry, Lebron James auxquels j'ai pu assister, c'est un truc de fou, mais c'est momentané, j'en ai conscience.

J'ai vécu ces six semaines à Cleveland comme un rêve éveillé. C'était au printemps 2018. Khloe Kardashian m'avait demandé de venir pour lui faire perdre son poids post-grossesse. C'était pile pendant les *playoffs* de NBA : les Cavaliers de Tristan Thompson disputaient les *playoffs* contre les Celtics puis la finale contre les Golden State Warrios. Quand j'étais petit, je regardais ce genre de matches à la télévision, à 2 heures du matin, sur Canal+. Là, j'avais des places VIP. Je suis entré dans les vestiaires, j'ai vu le trophée de MVP de Kevin Durant, etc.

Khloe avait accouché un mois auparavant. Le principe de perte de poids est le même que pour sa sœur, Kim, en 2013 – j'avais passé trois mois d'affilée à L.A. pour la première fois.

Je connais Khloe par cœur, puisque nous avons déjà travaillé pendant sa grossesse. Elle avait choisi d'accoucher à Cleveland, plus calme que Los Angeles en ce qui concerne les paparazzi. Je me retrouve donc dans la maison de Tristan Thompson, en plein *playoffs*. J'assiste aux matches de finale de conférence contre les Celtics de Boston, puis aux finales. C'est la dernière saison de LeBron James à Cleveland. Je vis dans un appartement situé à cinq minutes de la Quicken Loans Arena, la salle des Cavaliers. Je dispose de pass famille qui me permettent d'assister aux matches au bord du terrain, de dîner en loges à la mi-temps et, après les rencontres, de naviguer partout : vestiaires, salle de conférence de presse… Une fois le match fini, je flâne dans les couloirs, simplement pour regarder les joueurs, notamment LeBron James. Quand Kevin Durant pose avec son trophée, je me vois dans le reflet de la coupe tellement je suis près ! Tout à coup, je repère Stephen Curry, et il donne une interview à côté de moi, cigare à la main. Des instants irréels. Moi, sans déranger personne, je profite, je filme, sans rater une miette de cette vie privilégiée.

De plus, je croise mes idoles de jeunesse, tous ces anciens joueurs NBA devenus ensuite consultants pour les chaînes américaines : Charles Barkley, Dominique Wilkins. Je côtoie des anciens vainqueurs du concours de *dunk*, des adversaires de Michael Jordan. Je kiffe, malgré une pointe de déception de vivre cette expérience seul, sans ma famille, sans mon fils qui adore le sport. J'ai tout de même réussi à inviter un copain de fac, mon pote Charles, qui vit aujourd'hui au Canada, afin de partager ce moment.

Un soir, j'entends parler français devant l'Arena. À Cleveland, c'est plutôt rare… J'en profite pour aborder les deux hommes, et on discute. Ils me disent être journalistes, et je leur explique que je suis le coach de Tristan Thompson. La conversation ne s'étend pas, on n'échange même pas nos noms. J'apprendrai plus tard qu'il s'agissait de Rémi Reverchon et Jacques Monclar, les commentateurs de la NBA sur BeIN Sports. Difficile pour moi de les reconnaître : après cinq ans d'exil en Californie, je regarde le basket sur les chaînes américaines. À la mi-temps, mon téléphone ne cesse de vibrer. Premier message d'un copain :

— Joe, je suis en train de regarder la finale, les mecs de BeIN parlent de toi !

Je reste bouche bée.

En fait, Tristan Thompson avait réussi une grosse action. Les commentateurs ont constaté l'évolution de son physique et en ont profité pour dire qu'ils avaient croisé « son préparateur physique, un Français ». Grâce à Olivier Mazet, un agent du 7-8 que je connais bien, ils obtiennent mon nom et le mentionnent à l'antenne. J'étais dans le stade et on parlait de moi en France à la télé… C'était fou ! Je l'ai pris comme une reconnaissance de mon travail. À cette période, mon travail pour Tristan était assez soft. Quand il joue tous les deux ou trois jours, c'est essentiellement de la récupération, du réveil musculaire, du travail neuromusculaire, pour prévenir les blessures. C'était différent de ce que je faisais pour lui lors des périodes de trêve, avant le coup d'envoi d'une saison. Là, il venait à Los Angeles et on travaillait son explosivité, la force, le renforcement spécifique adapté à ses faiblesses… Je l'ai également aidé dans sa *réathlétisation* après des blessures.

Quand je retourne à L.A., je retrouve mes athlètes habituels, la vraie vie. Los Angeles, là où moi le gamin de Saint-Cyr, je n'aurais jamais imaginé vivre une seule seconde.

#NE JAMAIS OUBLIER D'OÙ VOUS VENEZ.

Je suis en phase avec un proverbe : « Celui qui ne sait pas d'où il vient... ne peut pas savoir où il va. » Quoi que je fasse, où que je sois, dans les bons comme dans les mauvais moments, le souvenir de mon point de départ est toujours une source de motivation et d'équilibre dans ce que j'entreprends. Cette notion de représenter les miens me tient beaucoup à cœur.

INTERVIEW
BENJAMIN IFRAH, PRODUCTEUR DE MUSIQUE

« Comment avez-vous rencontré "Coach Joe" ?
On se connaît depuis l'adolescence, on avait des amis en commun via nos groupes de rap respectifs, lui dans les Yvelines, moi sur Paris. On sortait tous ensemble, on allait à des concerts, on s'est beaucoup côtoyé. Joe était déjà à fond dans le sport, le taekwondo, c'était lui le grand sportif du groupe. Nous, on buvait, on fumait, lui allait faire des footings, des pompes, buvait des blancs d'œuf (rires). Il avait déjà une préparation de sportif de haut niveau. Puis on s'est perdu de vue.

Jusqu'à ce que vous le retrouviez dix ans plus tard dans les rues de Paris…
Je marchais en effet dans la rue quand je tombe sur un gars en scooter. On se fixe, il relève sa visière et c'est Joe. On commence à discuter, il me parle de la salle de sport dans laquelle il travaille à Montrouge et je pense tout de suite à Omar Sy, mon ami. Il prépare à l'époque le film *Intouchables* et cherche un coach sportif. Je l'ai harcelé : « Il faut que tu voies Joe, il faut que tu le rencontres ! » Je lui ai expliqué que Joe était comme nous, de notre

génération, en plus du 7-8 comme Omar. Et je les ai présentés. C'est là qu'ils ont découvert qu'ils s'étaient déjà vus plusieurs fois à l'adolescence.

Depuis cette époque, Joël a-t-il changé ?

Pas du tout, c'est le même, malgré son ascension. Comme je travaille dans le milieu de la musique et que j'ai l'habitude des deals, il m'avait appelé quand Kanye West lui avait demandé de le suivre sur sa tournée sud-africaine. Joe était en panique, il ne savait pas combien le facturer. Je connais les Ricains, je l'avais conseillé : « Plus tu demandes, plus tu es respecté. À l'inverse, si tu demandes peu, tu seras trop cheap à leurs yeux, ils vont croire que tu es nul. »

Imaginiez-vous qu'il pourrait aller si haut ?

Pour être honnête, oui, car nous étions une génération avec des profils différents qui allaient réussir, chacun dans leur domaine : Omar dans le ciné, d'autres dans le foot, moi dans la musique, Joe dans le sport, car il avait le souci de l'excellence… Avec lui, on savait qu'il allait se passer quelque chose, parce qu'il n'a pas de vice, il a, comme Omar, le cœur pur. Quand des gens bien réussissent, cela fait du bien. Joe coache et parle à la petite mamie qui souffre d'une sciatique de la même manière qu'il le fait avec Kanye. Il leur porte le même intérêt. Ce qui est amusant, c'est qu'il évolue dans le *star system* alors que ce n'est pas du tout son truc : un jour, Kanye lui a prêté les clés de sa maison, mais Joe était en panique, il avait peur de casser quelque chose. Alors il est allé dormir ailleurs. Ça, c'est Joe.

Jusqu'où peut-il aller ?

Il n'a pas de limites. À part les aléas de la vie, ce qui peut mettre un terme à une ascension, c'est de ne pas être structuré dans sa vie familiale. Ce qui n'est pas le cas de Joe. Il est trop solide dans sa tête, intérieurement, pour se faire bouger. Quand il rentre en France, il va au quartier, revoit les gars, il a gardé les mêmes valeurs, les mêmes délires. Je ne sais pas sous quelle forme il va se développer, mais je ne le vois pas s'arrêter. »

CHAPITRE 10

LE GRAND DÉPART POUR L.A.

« C'est quoi la prochaine étape ? » On discutait, tranquillement, quand Steven Guttman m'a lancé, balancé même, cette question au visage, exprimant ainsi toute sa culture américaine et l'assurance qui l'accompagne. C'était à la fois bienveillant, car il se préoccupait de mon avenir, mais aussi une façon ferme de me bouger, de me dire d'aller plus loin, et de ne pas me contenter de ce que j'avais ; mon contrat à L'Usine, mes sportifs particuliers et, notamment, le plus marquant, Kanye West. Il m'a secoué, toujours, car c'est ainsi qu'il a réussi dans la vie, devenant l'un des meilleurs dans ses domaines, l'immobilier et l'art en particulier, et parce qu'il n'imagine pas qu'on puisse stagner. « C'est quoi la prochaine étape ? » résonne encore dans ma tête, à chaque fois que j'atteins un palier, que je pourrais m'embourgeoiser, m'endormir.

Cette interrogation a changé ma façon de voir les choses, la vie, elle me tient en éveil. À l'époque, dans mon esprit, j'étais déjà arrivé au sommet, j'avais atteint un niveau que je n'avais même jamais imaginé et Steven l'a perçu comme un danger. Pour lui, il fallait voir plus haut. Et plus haut, c'était plus loin, c'étaient les États-Unis. « Tu vas aller là-bas, tu vas intéresser d'autres personnes », m'a-t-il martelé plusieurs fois, sentant peut-être que je me contentais de ce que j'avais, que je n'exploitais pas l'intégralité de mon potentiel. Il m'a rappelé nos premières discussions, lors de notre rencontre, quand il me disait que j'avais un truc en plus par rapport aux coaches américains. Constamment, il me donnait confiance, il y croyait même plus que moi ! Quand, enfin, j'ai décidé de faire le grand saut, de lancer les démarches pour m'installer aux États-Unis, il ne m'a pas lâché. Il a même été un soutien de tous les instants, un moteur, quand, parfois, une impasse se présentait à moi, quand les démarches administratives devenaient pesantes, comme les contraintes financières. Pour établir les papiers, il m'a offert les services d'un avocat, juste comme ça, pour le plaisir d'aider un petit *Frenchie*, de rendre, peut-être aussi, ce que la vie lui avait donné. Mais quand il m'a mis en relation avec son avocat, j'ignorais comment fonctionnait le système américain, que les avocats te facturaient dès que tu parles avec eux. À l'issue de ma première *conf-call* avec son conseiller, on m'a demandé mon numéro de carte bancaire et, j'avoue, j'ai été surpris. Mais on a juste parlé, rien n'a été encore décidé ! ai-je pensé au fond de moi. Steven, qui avait assisté à la conversation, m'a regardé et m'a dit : « C'est pour moi, c'est mon cadeau de bienvenue. » À partir de ce moment, je ne pouvais plus me planter, ce n'était même plus le problème de le faire pour moi, mais pour tous ceux qui avaient cru en moi, et ils étaient nombreux. Pour mon avenir et celui de mes proches, je devais aller jusqu'au bout. M'installer aux États-Unis, y commencer une nouvelle vie, une nouvelle carrière, éprouver, également, mes méthodes de travail. Un nouveau départ devenu nécessaire. Mais il y a un dernier écueil pour profiter du rêve américain : dans le processus d'attribution de visas, il faut une sorte de parrain, quelqu'un qui te sponsorise en quelque sorte. Pour obtenir le visa O-1 qui me concernait, celui des artistes à qualités exceptionnelles, j'ai encore bénéficié d'un coup de main incroyable, pas de la part de Steve cette fois, mais de… Kanye West. J'avais besoin que son entreprise se porte garante pour moi, mais c'était délicat de solliciter l'une des plus grandes stars au monde. C'était Kanye West quand même, il avait d'autres priorités. Mes hésitations m'ont un moment bloqué, je ne voulais pas le déranger, ce n'était pas un pote de quartier à qui tu demandes un tuyau ou un coup de main. Son business n'était pas une entreprise lambda, pas une PME, surtout que je n'étais pas un employé potentiel ni régulier, juste un prestataire occasionnel. En un mot, il n'avait absolument aucun intérêt personnel à me parrainer, rien à gagner. Puis, un jour, je me suis résolu à lui envoyer un mail. J'ai attendu fébrile, mais peu de temps, il m'a répondu quelques heures après : « Dépose les documents à mon hôtel et je te les signe. » Le gars pèse des millions d'albums vendus, il donne des dizaines de dates de concerts dans le monde entier, il draine un business incroyable et il règle mon petit souci administratif d'un « OK » normal pour lui. Le lendemain, quand je suis passé, c'était signé. Je ne parle pas d'une ou deux feuilles A4 à parapher, mais des dizaines, de la grosse paperasse, avec, à chaque fois ses initiales à inscrire, des « lu et approuvé » à rédiger, des signatures à apposer sur chaque document, lui qui passe sa vie à en signer à des milliers de fans. Le truc pénible à faire pour soi, déjà, alors pour un autre... Mais il l'a fait pour moi, son coach, pas un ami ou un membre de sa famille. Il a pris le temps, parce qu'il savait que c'était important, vital pour moi, ma famille. Grâce à lui, c'est le début de notre histoire américaine et tout s'enclenche ensuite : j'ai eu mon visa en mai 2015 et, dès le mois d'août, on arrive à L.A. avec les enfants et ma femme, et, à titre personnel, une énorme pression également dans les bagages. Je n'étais plus tout seul comme en Australie où je pouvais me permettre de me planter. Aux États-Unis, toute la famille, à qui j'ai fait traverser l'Atlantique, compte sur moi. Céline a quitté son boulot pour cette expérience, les enfants ont laissé leurs copains, les écoles… Heureusement, Omar était là, il a été un autre des acteurs majeurs de mon déménagement. La folie après le succès d'*Intouchables* était devenue trop compliquée à gérer pour lui et sa famille, il ne supportait pas très bien la célébrité, avec la présence des paparazzi, ses enfants qu'il ne pouvait plus aller chercher à l'école parce qu'il avait fait 20 millions d'entrées. Cela devenait fou et il n'aimait pas ça, d'où son départ à Los Angeles pour que la pression redescende, retrouver de la quiétude, un confort de vie. Son exil avec la famille ne devait durer qu'un an, puis, avec sa femme, ils ont décidé de prolonger.

En 2012, j'étais allé rendre visite à Omar, pour prendre la température de la Californie. Je n'avais pas encore rencontré Kanye West. Dans sa maison sur les hauteurs de Los Angeles, nous observions une villa extraordinaire au niveau de Fairfax Avenue, située encore plus haut sur une colline qui domine toute la ville. On pensait qu'il s'agissait, justement, de la maison du rappeur américain. Je ne saurais pas expliquer pourquoi, ni comment, mais j'avais déjà tout en tête. J'ai dit à Omar : T'inquiète pas, je reviendrai bientôt à L.A. et j'irai dans cette maison !

Ma prédiction s'est réalisée… même si finalement, on s'était trompés, la véritable maison de Kanye West était située un peu plus bas sur la colline. Mais j'étais bien loin d'imaginer que l'année d'après, cette maison serait mon pied à terre à L.A. En effet, un jour, en arrivant à L.A. après des concerts pendant la tournée de Kanye, mon hôtel n'était pas réservé. J'appelle l'assistante de Kanye, Jennifer, qui me dit : ce soir pas d'hôtel, tu dors chez Kanye ! Je ne comprends pas tout de suite, puis elle me donne le code de l'alarme de sa maison, ainsi que celui de la porte d'entrée : « Tu entres, tu vas au rez-de-chaussée, la chambre est à côté de la salle de cinéma, tu as tout l'étage, tu fais comme à la maison, c'est chez toi. »

On parle d'une villa à plusieurs millions de dollars, et Kanye West me fait assez confiance pour me la prêter, comme ça. J'ai du mal à réaliser. D'abord, j'ai eu peur de m'y rendre, j'imaginais ce qui se passerait si je ne parvenais pas à couper l'alarme, de nuit. Alors la première nuit, je dors sur le canapé de mon pote du 78, Laurent, qui a une boulangerie et s'offre même le luxe de proposer les meilleurs croissants de L.A. Le lendemain, je vais tranquillement visiter la maison, je pose mes valises, mais c'est encore trop fou pour moi, je repasse une nuit chez Laurent. C'est seulement le surlendemain que je prends mes nouveaux quartiers et ce sera mon camp de base à chaque voyage, pendant la tournée 2014, dès que je venais à L.A., il n'était plus question d'hôtel. Je côtoyais les Grammys, les Yeezy qui n'étaient même pas encore sorties, les voitures incroyables de Kanye. C'était sa maison quand il était célibataire, sa garçonnière. Il l'avait gardée, elle lui servait de bureau, de pied à terre en ville quand il avait des rendez-vous. Quand on partait en tournée, il venait y dormir avec Kim car elle était plus proche de l'aéroport. Mais sinon, ils vivaient à Calabasas chez Kris, la mère de Kim en attendant la fin de la construction de leur propre maison là-bas. Cette résidence privée était plus adaptée à leur vie que la maison de Hollywood Hills, qui donnait directement sur la rue, à la merci des paparazzi.

Quelque temps après cette discussion avec Omar, je rencontrais Kanye West, en janvier 2013... L'été d'après, j'étais à L.A. où je retrouvais Omar, mon pote des Yvelines, à 8 000 kilomètres de l'endroit où nous étions nés ! Quand on a reparlé de cette discussion, c'était fou.

Lui déjà aux USA, cela me rassurait, je n'étais pas tout seul. On avait la même niaque, on venait du même coin et si lui l'avait fait... Si le grand frère a réussi, oui, je peux le faire.

Ma vie basculait dans une autre dimension, on repartait de zéro et, pourtant, au moment de monter dans l'avion qui me menait peut-être définitivement aux États-Unis, en juillet 2015, je ne ressentais aucune appréhension. Peut-être parce que, aussi, cela faisait déjà deux ans que j'effectuais des trajets Paris-L.A. pour coacher Kanye et les Kardashian. Sur l'instant, je ne réalisais pas que j'allais vivre là-bas, c'était un aller-retour de plus que j'effectuais seul. Ma femme et mes deux enfants ne devaient me rejoindre que le mois suivant, j'avais quinze jours pour repérer les lieux, trouver un appartement et être sûr qu'un établissement scolaire puisse accueillir nos enfants à la rentrée. La pression m'est tombée dessus à ce moment-là, sur place, quand j'ai lancé les démarches pour le logement. On n'était plus en vacances, à l'hôtel, à ne penser qu'au court-terme et les agences immobilières, en me parlant d'argent, de « *credit score* » – j'ignorais ce que c'était à l'époque –, me l'ont signalé rapidement. Le *credit score* est lié à ton « *social* », ce que les Américains appellent le *Social security number*, un peu comme notre numéro de sécurité sociale, sauf qu'ici, cela concentre toute ta vie : pour les demandes d'emploi, d'appartement, d'abonnement téléphonique, de crédit voiture… Pour tout, on consulte ton *credit score* qui précise si tu es un bon payeur, si tu as déjà été en retard dans tes règlements… Plus ton *credit score* est élevé, de 300 à 850, plus les propriétaires et les banques ont confiance en toi, en ta capacité à payer en temps et en heure. À partir de 700, tu es très bien vu, et quand tu vas dans une agence de location pour un appartement, on s'y réfère. On considère alors que tu paies régulièrement, donc que tu n'as pas besoin d'un gros apport pour acheter une voiture ou une maison. Sauf que moi, à mon arrivée là-bas, mon *credit score* était de zéro ; forcément, je débarquais dans la société américaine. Et même si j'avais de l'argent sur mon compte, les agences préféraient s'appuyer sur un gars avec un bon *credit score* même s'il n'avait pas de ressources à côté ! Mais, à ma grande surprise, j'ai constaté que, à condition d'avancer plusieurs loyers bien sûr, c'est assez simple de se loger. Dans les villes, il y a des regroupements d'immeubles, avec un *leasing office* qui te propose des appartements, en fonction des disponibilités… Les Américains, contrairement aux Français qui restent au même endroit pendant des années, déménagent beaucoup, ne restent qu'un an ou deux au même endroit, en fonction des écoles des enfants, des opportunités professionnelles. Les Kardashian habitaient vers Calabasas, au nord-ouest de Downtown ; il me fallait un appartement non loin de là et je jetai mon dévolu sur la ville de Woodland Hills. C'est un peu la même distance qu'entre Saint-Cyr-L'École et Paris, à trente minutes. Il y a des parcs, de la verdure, c'est calme, je peux aller travailler à Los Angeles et, de l'autre côté, rejoindre facilement le domicile des Kardashian. Pour un F3 dans cette belle résidence, le loyer s'élève à 2 500 dollars par mois, mais de l'appart' allait dépendre aussi les écoles, car le système est un peu identique à la carte scolaire en France. Alors on n'a pas hésité avec Céline, on voulait les meilleures écoles pour nos enfants, donc, le meilleur quartier, quitte à payer plus cher. Mais, sur ce plan, on n'était pas au bout de nos surprises. Au début, entre une école française pour le confort d'intégration et les écoles américaines pour une immersion plus rapide, plus rude aussi, notre cœur balançait. Sauf que, entre le moment où on s'était renseignés et l'inscription, les prix du lycée international de Los Angeles (la deuxième école française de la ville) étaient passés de 10 000 à 17 000 dollars par enfant… Sortir 34 000 dollars, plus les 6 000 pour les premiers loyers et la caution, plus les assurances santé, plus la voiture… Un gouffre sans fin ! On ne pouvait pas se permettre de débuter avec de telles dépenses, au risque de compromettre les premiers mois. Finalement, écarter la piste du LILA (lycée international de Los Angeles) fut une bonne idée. En effet, dès le début de l'aventure, on s'était dit qu'on resterait minimum deux ans aux États-Unis avec l'idée que, si on se plantait, si on devait rentrer, au moins les enfants seraient bilingues. Ce qui, probablement, n'aurait pas été le cas dans un établissement qui accueille uniquement des Français. On s'est donc rabattus sur une école américaine privée à côté de chez nous, d'un très bon niveau comme on avait pu le constater sur des sites internet qui notent les établissements scolaires. On a dû se serrer la ceinture pour débourser 1 000 dollars par an et par enfant, mais ça valait le coût : il y avait moins d'enfants par classe, c'était bien pour faciliter la transition. Lors des trois premiers mois, on payait en plus une personne pour accompagner notre fille toute la journée, afin de lui traduire les consignes de l'anglais au français.

Le 15 août, c'est le grand départ, le grand saut. Après avoir réglé le déménagement, tout le monde est dans l'avion pour Los Angeles : Céline, Eden, Naïla et moi. On met les voiles pour un long moment, on ne part pas pour s'amuser en famille, même si cela sent les vacances au début. Très vite, pourtant, on a tous été dans le bain et dix jours après avoir posé les pieds sur le sol américain, les enfants faisaient leurs premiers pas à l'école. Non sans angoisse, pour nous, les parents. Il fallait alors leur expliquer que tout serait en anglais, qu'il n'y aurait probablement aucun autre Français dans l'école, qu'eux-mêmes n'allaient pas parler un mot d'anglais au début. J'étais plus stressé qu'eux, en réalité, je m'inquiétais de la façon dont ils allaient vivre ce bouleversement. Car, de mon côté, sur le plan professionnel, j'étais assez serein, je travaillais depuis deux ans avec les Kardashian, je connaissais le pays, la culture, la langue. Les enfants, comme Céline, repartaient de zéro et, quelque part, je leur imposais ces changements. En fait, comme toujours, les enfants m'ont bluffé par leur capacité à s'adapter à un nouvel environnement, à tout. Ils ne voyaient pas les contraintes, les écueils, ils vivaient le truc à fond : ils étaient à L.A., heureux d'évoluer au sein de la résidence, d'avoir la piscine, le soleil. À peine ont-ils ressenti un petit coup de speed la première semaine d'école lorsque, le soir, ils rentraient en nous disant : « Mais personne ne comprend ce qu'on dit. » Eux ne pouvaient dire que « Yes, No » et, là, ils ont assimilé qu'ils avaient changé de quotidien, qu'on avait déménagé pour un moment, que la France était loin de nous. À l'école, ma fille aînée était considérée comme « l'enfant iPad », car l'établissement lui avait prêté une tablette pour la traduction. Elle se baladait toute la journée avec ! Pour Eden, c'était différent : en maternelle, il n'avait pas trop besoin de la parole, tout passait par les gestes, on lui montrait les choses, il les répétait. Pour les premiers jours, on lui avait juste appris à dire « est-ce que je peux aller aux toilettes s'il vous plaît ? ». On s'est angoissés pour rien avec Céline car, au bout d'une semaine, ils avaient pris le pli, et le soir, ils nous racontaient leurs histoires de cour de récréation, ce qui s'était passé en classe ! Je n'en revenais pas : comment avaient-ils pu faire tout ça sans parler anglais ? J'aurais adoré être une petite souris pour voir comment ils se débrouillaient, même si on avait pris une assistante, prof d'espagnol qui parlait anglais et français, pour faciliter leur intégration. Encore une drôle de rencontre, un signe du destin qui me rattache, me rappelle à mes origines : les grands-parents de cette dame étaient français et elle avait encore de la famille à... Bois-d'Arcy, la ville où a été emprisonné mon père, à cinq minutes de chez moi, près de Saint-Cyr-L'École.

Moi à 12 ans, à gauche, avec mes deux frères Yannick au milieu et Mickaël à droite.

Avec mon père.

À La Ciotat en 1997 avec L'Skadrille. Je suis en haut à gauche, à côté de Nassim, Pedro, Demba et Youssouf, qui est interviewé dans le livre.

J'ai occupé beaucoup de jobs alimentaires au début, ici à Leeton en Australie, je cueille des oranges. Difficile mais formateur.

David, Charles, moi et Doum's dans les vestiaires de la fac d'Orsay après un cours de Judo.

Mes derniers jours à Sydney en 2006.

C'est après m'avoir montré cette photo que Steven Guttman m'a demandé si je me sentais capable d'entraîner Kanye West.

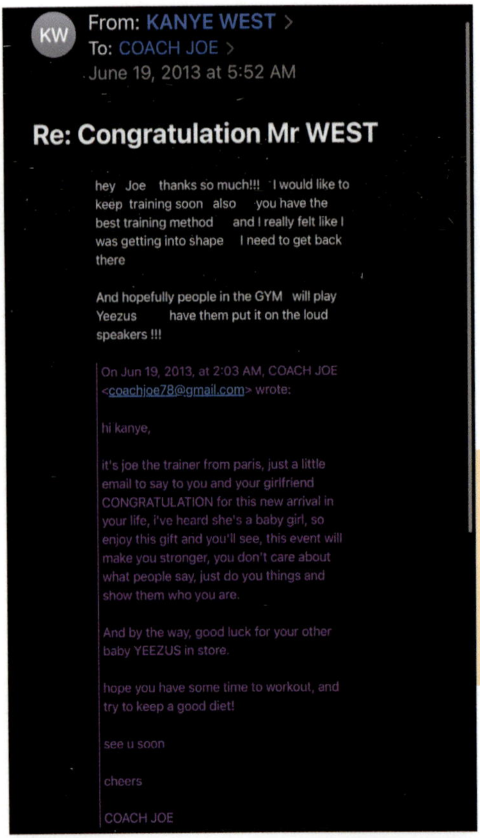

From: KANYE WEST
To: COACH JOE
June 19, 2013 at 5:52 AM

Re: Congratulation Mr WEST

hey Joe thanks so much!!! I would like to keep training soon also you have the best training method and I really felt like I was getting into shape I need to get back there

And hopefully people in the GYM will play Yeezus have them put it on the loud speakers !!!

> On Jun 19, 2013, at 2:03 AM, COACH JOE <coachjoe78@gmail.com> wrote:
>
> hi kanye,
>
> it's joe the trainer from paris, just a little email to say to you and your girlfriend CONGRATULATION for this new arrival in your life, i've heard she's a baby girl, so enjoy this gift and you'll see, this event will make you stronger, you don't care about what people say, just do you things and show them who you are.
>
> And by the way, good luck for your other baby YEEZUS in store.
>
> hope you have some time to workout, and try to keep a good diet!
>
> see u soon
>
> cheers
>
> COACH JOE

En juin 2013, après ma première phase de travail avec Kanye, je le félicite pour la naissance de sa première fille North. Il me rappellera quelques semaines plus tard pour aider Kim à retrouver la forme après la naissance, alors que je ne pensais plus le revoir.

Les badges d'accès des tournées de Kanye West.

Kim Kardashian à la salle de sport L'Usine à Paris en 2014, avant son mariage.

Lors d'une séance filmée pour la marque de jeans *Good American* de Khloé et Emma.

Avec Omar Sy et son César du meilleur acteur en 2012.

Première montée du mont Hollywood lors de mon arrivée en août 2015. Je prends la mesure de l'immensité de la ville de Los Angeles et du travail à accomplir.

Avec mon fils Eden, lors de la sa première victoire du championnat de Football americain au SOFI Stadium, le stade des RAMS de Los Angeles, l'équipe pro de NFL.

Ma femme Céline et mes enfants devant l'immensité du Grand Canyon.

Ma fille Naïla, pendant sa première année dans l'équipe de volleyball de Calabasas High School.

Séance à la dune de sable de Manhattan Beach avec Franck Ntilikina qui joue en NBA pour les Dallas MAVERICKS.

Lors d'un shooting photo sur la plage de Santa Monica.

Pendant mon ascension du Mont Whitney, en août 2016.

ABDESSAMAD KHARBOUCH
Novembre 1979 - Juillet 2016

MARIAM KALOGA SYLLA
Mars 1982 - Décembre 2022

CHRISTIAN COTREBIL
Novembre 1974 - Août 2002

CHARLEMAGNE AKILOTAN
Mai 1973 - Février 2019

J'aurais tant voulu que vous puissiez voir ce livre.
De là-haut j'espère vous rendre fiers.
Sachez qu'en croyant en moi, vous m'avez donné la force d'être là où je suis aujourd'hui.
MERCI.
REPOSEZ EN PAIX.

Avec Gad Elmaleh pendant le tournage des *Cancres.*

Avec mes parents au dernier prime de la *Star Academy* 2022.

Steven Guttman
Fondateur de UOVO
connaissance depuis 2010

Vincent Rolland
Coach sportif à Paris
connaissance depuis 2008

Youssouf Kaloga Sylla
Éducateur spécialisé
connaissance depuis 1984

Yannick Bouraïma
Moniteur d'auto école
connaissance depuis toujours

George Adonaï
Animateur socio culturel
connaissance depuis 1993

Olivier Ducelier
Président de
vacances-viva.com
connaissance depuis 1997

Grant Divall
Colocataire en Australie
connaissance depuis 2006

Yvonne Baroukh
Gérante de BODYHOME
connaissance depuis 2008

Benjamin Ifrah
Producteur
connaissance depuis 1997

Aziz Diallo
Gérant de portefeuille
connaissance depuis 1993

Misti et Scott Lemke
Mes voisins à L.A
connaissance depuis 2019

Karen Dersé
Actrice et auteure
connaissance depuis 2009

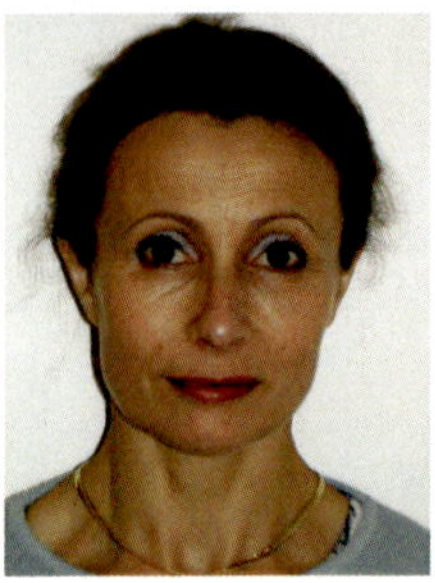

Beatrice Descoins
Professeure agrégée d'EPS
Directrice de formation
retraitée
connaissance depuis 2003

Christopher Kadima
Coach sportif à L.A.
connaissance depuis 2016

© Mathieu Detaint

Nicolas Cennac
Producteur
connaissance depuis 2019

Les enfants vite et bien intégrés, je devais de mon côté accélérer sur le plan professionnel, car on n'était plus dans l'ambiance vacances pendant lesquelles tu fais moins attention aux dépenses. Quand tu y vis, tu comprends que la vie est chère aux États-Unis, et, avant même d'avoir fait les courses, d'acheter les vêtements, on avait sorti 2 500 dollars de loyer, 2 000 dollars d'école, payé le *lease* de la voiture… Je ne pouvais pas subvenir à nos besoins seulement avec ce que me rapportaient Kanye West et les Kardashian. Surtout que, comme je m'étais géographiquement rapproché d'eux, le prix de mes prestations était évidemment moins élevé. Le paradoxe, c'est qu'ils m'utilisaient plus quand je vivais en France : lorsque je venais aux États-Unis sur une courte période, ils m'appelaient tous les jours ou presque, alors que, me sachant sur place, ils ont pensé : « On sait qu'il est là, on l'appellera quand on aura besoin. » Grande désillusion et erreur de calcul de ma part, mes revenus divisés par cinq en arrivant. Niveau tarifs, j'étais payé au forfait quand je venais les voir de Paris ou que je les suivais en tournée. Mais en habitant ici, ils n'avaient plus de raison de débourser une somme fixe, j'étais payé à la séance. Je devais donc développer mon réseau, mais comme mon visa m'avait été attribué via la société de Kanye, je ne pouvais pas démarcher d'autres clients, pour des soucis d'assurance. En cas de problème, mes athlètes auraient pu se retourner contre la société de

Kanye, il en était hors de question. Les premiers temps, je n'avais pas de rentrée d'argent et, au contraire, pas mal en sortait, j'étais particulièrement stressé. Les débuts ont été compliqués, car toute la période de démarchage, à court terme, ne rapportait rien, même si le bouche-à-oreille avait fonctionné. La seule solution était donc de… prendre du cash. Je n'avais pas le choix. Pour certains, je faisais des factures que je n'encaissais pas, juste pour me faire un réseau, en attendant que ma situation soit régularisée.

Celle-ci le sera grâce à une nouvelle rencontre : Jérôme Jarre. C'est l'un des tout premiers influenceurs. Il était connu pour ses vidéos de six secondes sur Vine. Il était venu à New York depuis Chambéry. Il n'était pas très connu en France, mais aux USA, il évoluait autour de stars comme De Niro, Beyoncé, Obama… Je l'ai rencontré avant qu'il switche vers l'influence à caractère humanitaire.

La vie, c'est vraiment une histoire de rencontres, de comment les gérer et faire que ces gens s'inscrivent dans ton parcours de vie. En 2016, il prépare un virage qui va complètement changer sa vie : il doit partir en Somalie et me demande de travailler avec lui sur son physique ; jusque-là il manquait de confiance en lui à ce sujet. En trente-et-un jours, on fait vingt-neuf séances. Il est super sérieux, très droit, il veut changer de corps pour être plus fort et assurer pendant sa mission.

Quand je le rencontre, le visa que m'a obtenu Kanye West expire bientôt. Jérôme me le prolongera pour trois ans, avec sa compagnie. C'est lui qui me permettra de ne plus dépendre de Kanye West.

Après, il a fait une énorme levée de fonds et a construit des maisons, des puits en Somalie. Il n'a jamais été intéressé par l'argent. Par exemple, il a refusé une campagne de pub à 1 million de dollars. Il s'agissait d'un contrat pour des bonbons à son effigie, et du haut de ses vingt-trois ans, il a tout envoyé bouler pour se consacrer à l'humanitaire. J'ai beaucoup appris avec lui, il m'a fait passer un cap.

Sur le plan pratique, avant ce coup de pouce de Jérôme Jarre, j'ai appliqué le système D, la débrouille, en travaillant dans des parcs publics, avec mon équipement, car je n'avais pas de salle comme à Paris. La première année, celle de l'installation, on a serré les fesses, mais tout s'est enchaîné l'été suivant. Ma femme et les enfants, après une année à Los Angeles, sont partis en juillet et août en Guadeloupe pour les vacances. On se met d'accord avant leur départ : ils me laissent à L.A. pour que je développe ma clientèle. En gros, j'ai deux mois pour lancer vraiment les choses. C'est urgent, on n'a plus d'économies, les frais de l'école privée et le coût de la vie nous ont essorés. Si à leur retour je n'ai pas constitué une clientèle solide, on risque de devoir rentrer en France. Le fait d'être seul pour me consacrer au développement m'enlève un gros stress, et me permet de disposer de la voiture pour mes rendez-vous. Et seul, je peux me serrer la ceinture, je me nourris pour pas cher, je ne sors pas. Avec les enfants, il y aurait eu beaucoup de dépenses pour les occuper. Alors qu'en partant dans la famille de Céline passer deux mois en Guadeloupe, on n'avait que les billets d'avion à payer. On avait trouvé un prix intéressant, avec passage par Paris avant de reprendre l'avion pour Pointe-à-Pitre. Le trajet de L.A. *via* Miami n'existait même pas encore et l'autre option pour se rendre sur l'île était bien trop chère pour nous.

Pendant ce temps, je suis resté aux États-Unis, j'ai fait la partie sociale et relationnelle de mon boulot pour me faire connaître. Je suis sorti, j'ai montré ma tête, donné mon numéro partout où c'était possible, à tout le monde. J'y suis allé à fond, les barbecues, les vernissages, les artistes, les galeries, les expos… J'ai charbonné tout l'été pour avoir une base de travail à la rentrée de septembre. La première à me faire confiance, c'était Isabelle, une Française, qui travaillait avec le consulat français à Los Angeles et œuvrait auprès des artistes français. À la suite de problèmes au genou, après de grosses opérations, elle voulait se remettre en forme, mais elle ne trouvait pas de coach avec des connaissances suffisantes pour la prendre en charge. Ou alors des gars, avec trois semaines de formation, un peu bourrins, qui lui avaient fait mal parce qu'ils n'avaient pas pris en compte sa pathologie, ni ses sensations. Quand on a commencé à travailler ensemble, elle a constaté qu'on pouvait se challenger sans douleur, elle a apprécié la démarche et la méthode. Isabelle a parlé de moi autour d'elle, le réseau s'est développé peu à peu, puis je suis parvenu à l'étendre moi-même. Mais pas seulement avec des Français, ce que je ne voulais pas de toute façon. Certains arrivent aux États-Unis et restent uniquement entre eux, ramènent leur pire côté français ici, notamment leur rapport à la réussite et à l'argent. Je vis très bien et personne ne m'envie. Ici, on accepte la situation de l'autre, sans haine ni aigreur comme en France où l'on cherche à passer devant les autres tout en les descendant. Aux États-Unis, quand tu réussis, on est content pour toi et on ne cherche pas à te mettre plus bas. C'est pour cela que les Américains avancent, dans une rivalité saine, tout le temps, les rappeurs, les entrepreneurs, les sportifs... Exactement ce qui m'a attiré en traversant l'Atlantique, exactement le contraire de ce que j'ai cherché à fuir en quittant la région parisienne ! Et je ne regrette rien, absolument rien. Cela fait huit ans que je suis à L.A., que je passe dans le quartier de Beverly Hills chaque matin ; je me dis que c'est fou, je ne réalise pas encore et c'est très bien comme ça. Je ne suis pas blasé, je regarde le style de vie, les villas, la plage, les rues avec le même regard d'enfant que lors de mes premières fois aux États-Unis. Pareil sur un tournage avec Omar Sy : les caméras, les acteurs, je suis comme un gosse. Lors des cinq matches de *playoffs* de la saison dernière, j'ai pu aller dans les vestiaires, croiser Adam Silver, le président de la NBA, des rappeurs, des chanteurs, le basketteur Stephen Curry. Avec mon regard d'enfant, j'observe Charles Barkley, un gars que je voyais jouer avec la Dream Team aux JO de 1992 en compagnie de Michael Jordan. Oui, on vit un rêve et je n'ai pas envie de m'excuser pour ça. Mes enfants sont bilingues, se moquent des Français avec leur accent, ils évoluent dans un contexte privilégié. Ils prendront conscience de tout ça, plus tard. Plus grands, ils se feront leur délire : Notre père nous a présentés à Kanye West.

#NE PAS LAISSER LA PEUR VOUS STOPPER.

Lors de nouvelles expériences, de nouveaux projets, il est tout à fait normal d'être effrayé, mais il est important de surmonter ses craintes. C'est en sortant de sa zone de confort que les vraies choses se passent. Tout le processus par lequel vous allez devoir passer pour vous adapter fera de vous une autre personne. On entend souvent que les meilleurs instants surviennent après des moments de peur intenses : avant la naissance de son enfant, on a peur, puis on dit que c'est l'un des plus beaux moments de sa vie ; avant un saut en parachute, on tremble d'effroi, mais une fois au sol, on s'exclame que c'était fou et qu'on veut à tout prix recommencer. Ne passez pas à côté d'instants formidables dans votre vie à cause de la peur.

TÉMOIGNAGE
AZIZ DIALLO,
ENTREPRENEUR ET AMI DE JOËL

« Je connais Joël depuis une trentaine d'années. Adolescents, on a grandi dans les mêmes quartiers. On s'est rencontrés en jouant au foot. Nous avons construit nos univers parallèles tout en restant connectés. Si Joël s'est tourné vers le sport, j'ai eu un parcours plus académique et entrepreneurial. On était ensemble en Australie, et c'est à ce moment-là qu'on a été challengés en découvrant une nouvelle perception du monde, différente de ce qu'on voyait par la fenêtre de nos quartiers respectifs. Joël a découvert le potentiel du coaching sportif, pendant que j'étudiais à l'université de Sydney. Cette année australienne a été un point déterminant de notre relation. On a commencé à dessiner une trajectoire, bientôt confirmée à notre retour en France. Il me parlait de ses opportunités, à L'Usine, puis ses rencontres avec Steven Guttman, Kanye West, les Kardashian… Là, j'étais en soutien pour la négociation et la lecture de ses contrats. En 2013, nous avons commencé à écrire un storytelling pour rendre son histoire moins aléatoire. En effet, lorsqu'il était interviewé, Joël avait tendance à répondre : « J'ai de la chance. » En réalité, la chance se provoque. On a verbalisé les valeurs de Joël, les messages qu'il souhaiterait faire passer dans ses interviews, afin de communiquer un message universel, au-delà du sport. Le simple fait d'avoir réussi son installation aux États-Unis, c'est déjà une fin d'histoire en soi. Il peut en être très fier. J'ai essayé de structurer sa démarche en l'entourant au mieux. Pour moi, il y a une interview marquante, celle avec *Vanity Fair*. Avec un ami producteur, on l'a aidé à préparer cet entretien. Ensuite, il a eu beaucoup de demandes de médias en tout genre. Il fallait prendre garde à ce que les journaux people ne s'intéressent pas qu'à ses histoires avec les célébrités. J'ai beaucoup insisté pour que "Coach Joe" écrive son histoire, afin que tout le monde perçoive que ce n'est pas un hasard s'il est capable de gérer les ego de toutes ces stars américaines ou des personnes fragiles, en surpoids, etc. Joël est un vecteur d'inspiration, tant pour les jeunes du 78 que pour des cadres en entreprise.

Joël a été extrêmement brillant et intelligent émotionnellement, au moment de répondre à cette question « comment puis-je durer aussi longtemps en travaillant pour la famille Kardashian ? ». Et je ne parle même pas de Kanye West ! Son niveau de confidentialité, son positionnement, sa capacité à rester à sa place, l'absence de menace pour l'entourage de cette famille. Joël a un ascendant psychologique naturel sur les gens qu'il entraîne. Cela pourrait inquiéter les proches du cercle fermé des Kardashian. Or, il parvient à s'inscrire de façon transversale : quand il entraîne Khloe Kardashian, son conjoint Tristan Thompson lui demande à son tour des séances. Cela veut tout dire... C'est exceptionnel de plaire à tout le monde. La remarquable intelligence de Joël lui permet de ne pas être grisé, de ne pas commettre d'erreurs en communiquant trop sur ses clients. Joël n'est pas dans l'« égotrip ». Il sait que cette situation prendra fin un jour, et cela ne constitue donc pas l'alpha et l'omega de son parcours. Il parle à tout le monde (stars, entrepreneurs, étudiants...) sans changer sa démarche, ni sa méthode, ni son vocabulaire. C'est son expertise, et c'est ce qui le rend atypique.

À l'adolescence, Joël était plutôt réservé. Ce n'était jamais celui qui parlait le premier. À cette époque, on était entourés de grosses personnalités, qui avaient déjà une forme de notoriété, via le rap ou la danse. Il observait beaucoup. En revanche, dès qu'il faisait quelque chose, c'était pour exceller. Au football, on avait tous un très bon niveau. Dans notre équipe, certains sont devenus professionnels. Joël a toujours été au-dessus du lot dans la performance. Il commençait en bas... beaucoup de travail... et bam, il devenait une référence. Il est devenu champion de taekwondo en un an, je n'ai jamais vu ça ! C'est ce qui me traumatise chez lui : si on fait une partie de FIFA et que je mène 3-0 à trois minutes de la fin... il va gagner 4-3 ! Sa résilience mentale m'a toujours écœuré.

S'il se plaint de son ventre, il aura des abdos parfaits dans les trois mois. Son mental est nettement supérieur à la moyenne. Le travail et le dépassement de soi, c'est dans sa matrice. Aujourd'hui, cela renvoie de la sécurité à ses clients. Joël ne se plaint jamais, est toujours de bonne humeur, a toujours de l'énergie. Joël n'est jamais « *down* ». Jamais ! C'est grâce à son état d'esprit positif que les gens le suivent. »

CHAPITRE 11

POSÉ CHEZ LES KARDASHIAN

« Bonjour, vous allez où ? », me demande l'agent de sécurité dans sa guérite en contrebas d'une grande grille forgée. « J'ai rendez-vous chez Kris Jenner. » Cette phrase résonne étonnamment dans ma tête, je ne dois même pas avoir conscience de ce que je dis en lui tendant ma carte d'identité française. Mais, voilà, Los Angeles, c'est la grande aventure, la cité que je voyais dans les séries américaines, les films, c'est Downtown, les étoiles sur Hollywood Boulevard, les lettres gigantesques de ce symbole de l'industrie du cinéma sur Mont Hollywood. C'est le rêve américain et, dans mon cas, la poursuite de ce rêve a débuté quelques années plus tôt à Paris, en compagnie de Kanye West, à L'Usine. C'est la ville de tous les possibles, de tout ce que je ne pouvais pas imaginer, pourtant. Et un beau matin, très tôt, me voilà devant ce gardien, à l'entrée de Hidden Hills, une résidence de très grand standing, à attendre qu'il vérifie que mon nom se situe bien sur la liste des « invités ». Dans quelques minutes, quand j'aurai passé les grilles, que je me serai engagé sur cette voie privée, bordée de ces somptueuses villas qu'on voit dans les magazines, prises en photo par des paparazzis qui survolent le coin en hélicoptère, je pousserai la porte de la demeure de Kris Jenner, la mère de Kim Kardashian. Dans le quartier vivent également le rappeur Drake et la chanteuse Jennifer Lopez, des stars que je voyais sur ma petite télévision à Saint-Cyr-L'École. Et, là, je suis dans leur rue, c'est fou. Le garde me lance : « C'est bon, allez-y. » Le portail s'ouvre, je m'engage dans l'allée, la nuit cache encore le luxe des demeures, mais je devine que je suis dans un autre monde, celui des plus grandes stars américaines. À l'époque, Kanye et Kim vivaient chez Kris Jenner en attendant que leur maison soit construite à Calabasas. Les séances se déroulaient dans le garage de la maman qui a fait installer une salle de sport avec tout le matériel nécessaire à l'intérieur. En m'approchant de la maison, dans le *driveway*, je découvre toutes les voitures des propriétaires des villas, il y en a au moins pour des millions de dollars entre les Bentley, les Range Rovers, les Mercedes… C'est le Salon de l'auto ! Le plus étonnant, c'est que la maman de Kim est dans un bon délire, tout est noir et blanc dans sa résidence, à l'intérieur de sa maison aussi. À l'époque, les Mercedes G-WAGON AMG G63, immenses et puissantes (700 chevaux !), viennent de sortir et Kris ne pouvait pas se résigner à n'en avoir qu'une seule, elle a donc opté pour un modèle en blanc et un autre en noir ! Des voitures à 150 000 euros minimum. Au début, mes yeux brillent, je m'extasie pour un rien, mais, au bout d'un mois, je ne regarde plus si la personne a une grande villa ou pas, si elle roule en Bentley ou en Ferrari. Évidemment, je ne les envie pas, ce n'est pas mon caractère. Au contraire, les Kardashian ont été une motivation. L'objectif est là, sous mes yeux, avoir un jour une maison dans leur quartier. En attendant ce jour, je côtoie les personnalités qui ont gagné ce droit de vivre dans ces résidences, qui se sont battues en travaillant. Respect ! Au début, Kris Jenner ne me connaît pas, donc je n'ai pas accès à la maison, je ne vois que le garage, je rentre par derrière. Au fur et à mesure, la confiance s'installe entre nous et, très vite, j'ai fini par pénétrer dans leur demeure par la porte de devant, par traverser le salon et quand je passais dans la cuisine, elle me disait de me servir en fruits, en boissons dans le réfrigérateur ! Le petit gars du 7-8 rentre dans la maison des Kardashian, ouvre leur frigo, tranquille, a accès à leur quotidien… C'est évidemment grâce à Kanye. Quand je le coachais à Paris, Kim, qui n'était pas encore sa femme, est venue le voir une ou deux fois en France durant les quatre mois de préparation de son album, et un jour, il me demande : « Est-ce que je peux venir faire une séance avec ma copine ? » Bien sûr que tu peux ! Je la rencontre une première fois à L'Usine et tout se passe bien, mais la seconde fois, elle me fait une confidence qui situe le niveau de confiance qui existe entre nous : elle est enceinte. Personne ne le savait, mais comme elle voulait poursuivre les séances, elle a donc été obligée de me le dire pour ne pas prendre de risque pour elle et le bébé. L'information valait des milliers d'euros, j'aurais pu les trahir, mais eux comme moi, nous n'avons jamais douté de l'honnêteté des uns et des autres. On a fonctionné à la confiance, alors que j'étais au courant de plein d'informations à leur sujet dont sont friands certains médias. À l'époque, évidemment, le nom des Kardashian est connu, mais c'est sans comparaison avec le clan et l'empire qu'ils ont su développer depuis. D'ailleurs, quand elle arrive à L'Usine la première fois, Kim est en mode cool, sans maquillage, une fille lambda ! S'il n'y avait pas eu les paparazzi, elle aurait pu venir faire sa séance à la salle et repartir tranquillement. Elle est très différente de Kanye, elle n'est pas aussi introvertie. Au contraire, très relax, elle parle direct, ce n'est pas du tout une diva. Après son accouchement, en juin 2013, on a effectué un gros travail de trois mois ensemble qui lui a permis de perdre le poids qu'elle souhaitait, de rentrer dans la robe longue et fendue en vue de son défilé pour Givenchy lors de la Fashion

Week à Paris en septembre 2013. Un mois après l'accouchement, elle a repris le sport, avec des séances courtes, sans intensité, de trente minutes à une heure. Pas seulement pour perdre du poids, ce qui est un objectif secondaire, mais pour se reconnecter à son corps. C'est ce que les gens apprécient dans ma méthode, le but n'étant pas toujours de les pousser physiquement, mais d'être sûr que le mental suive aussi. Dans le programme STAPS, on étudie pendant deux ans l'équivalent du programme de la première année de médecine (physiologie, anatomie...). Ces connaissances font vraiment la différence quand on veut faire comprendre à la personne qu'on coache pourquoi on effectue tel ou tel mouvement.

La réussite de Kim était la mienne, il n'y avait plus besoin de parler, sa nouvelle silhouette validait ma façon de travailler. Plus besoin de me vendre, il suffisait de la regarder, de voir son corps sculpté. Ensuite, le reste de la famille a voulu faire appel à mes services, rassuré par le fait qu'en deux ans, il n'y avait pas eu de fuite de mon côté alors que j'avais été témoin de pas mal de choses, au cours de leurs voyages. Surtout, je crois qu'ils appréciaient que je sois du genre détente par rapport à ce que je vivais avec eux. La maman, Kris, a voulu essayer mes services, puis Khloé a fait appel à moi. C'était gratuit pour eux car j'étais au forfait journée, mais peu importe, j'en redemandais et tout le monde était gagnant. Dans la famille, ils sont tous complètement différents et c'était bien de voir toutes les facettes, ce fut mon petit challenge de me faire accepter par chacun des membres du clan Kardashian. Ce sont des gens très humains, très simples au quotidien. Un jour, Kris Jenner m'a demandé comment ma femme et moi nous nous organisions en termes de transport, car elle avait remarqué que parfois je venais l'entraîner en courant. Quand je lui ai répondu que je n'avais qu'une voiture et que l'on faisait de notre mieux pour se la partager, elle a tout de suite compris les difficultés que je pouvais rencontrer : ma femme en avait besoin pour accompagner les enfants à l'école, les récupérer l'après-midi, faire les courses, etc. Je devais m'arranger pour faire mes séances sans paralyser le quotidien de ma famille, pas simple. Kris savait aussi que je n'avais pas encore un credit score assez élevé pour pouvoir acheter une deuxième voiture, à l'époque nous ne roulions vraiment pas sur l'or. Elle avait dans son garage cinq ou six scooters Vespa, offerts par la marque qui essayait de s'implanter aux États-Unis et qui avait dealé une apparition des deux roues dans leur show, *Keep up with the Kardashians*. Elle les a toujours d'ailleurs. Ce jour-là, elle m'a tout naturellement proposé de choisir un modèle. Pendant l'année qui a suivi, j'ai sillonné L.A. et ses highways en Vespa ! J'ai assuré toutes mes séances grâce à ce moyen de locomotion, non sans quelques frayeurs dans la circulation dense de la cité des anges. Mais j'ai pu travailler librement, et Céline avait la voiture pour gérer les enfants. Je garde ce scooter encore aujourd'hui, je pense que je vais l'accrocher sur un mur de mon garage en souvenir de mes débuts, et du coup de pouce de la maman de Kim Kardashian.

Aujourd'hui, même si j'y avais goûté pendant deux ans, lors de mes allers-retours Paris-L.A., c'est différent car j'habite à quinze minutes de chez eux, je suis au plus près de leur quotidien et, parfois, j'y participe. L'année dernière, nous étions invités à l'anniversaire de North, la fille de Kanye et Kim, et à celui de Pénélope, la fille de Kourtney, l'autre sœur de Kim, nées à cinq jours d'intervalle. Il y avait tout L. A. et je n'arrêtais pas de me dire « mais je connais cette tête ! ». Bien sûr que je les avais vues, à la télévision, dans des films, des séries, des clips, lors de matches ! La maman Kardashian aussi organise une fête à chaque Noël, un événement très attendu et réputé. Un truc de dingue avec la chanteuse Toni Braxton en duo avec Babyface, des chanteurs que j'écoutais quand j'étais jeune, l'ancien basketteur de la Dream Team Scottie Pippen, que je voyais à l'époque des Jordan et Magic Johnson, Blake Griffin, le basketteur des Pistons de Detroit, qui prend un verre à côté de moi, des DJ, des rappeurs comme Travis Scott. Des gars que je vois dans des clips depuis que je suis môme ! Le cadre, aussi, était exceptionnel, une vraie folie quand j'y repense : la piscine était recouverte par une scène, on mangeait, on marchait dessus. De mon côté, je suis resté dans mon coin, tout seul, pour ne pas déranger, par manque d'habitude. Ce n'est pas vraiment mon monde, je reste à ma place, avec les assistants, des gens avec lesquels je suis en contact au quotidien. Les Kardashian, c'est aussi la téléréalité, une émission qui, depuis des années, attire des millions de téléspectateurs et dans laquelle j'ai été amené à intervenir. Mais j'ai eu mon mot à dire dans le sens où je ne voulais pas jouer un rôle, qu'on me demande de faire telle ou telle chose. Je suis Joe, le coach, mais je ne suis pas un acteur. Je veux bien être filmé en train de faire ma séance, mais pas plus et, comme ils sont cools, ils ne me l'ont pas demandé. Dans les épisodes où j'apparais, je ne suis pas dénaturé, je ne fais rien qui ne me ressemble pas, donc je ne regrette pas. Après ces passages, l'émission *Les Anges de la Téléréalité*, diffusée sur NRJ12 en France, m'a contacté ; j'ai refusé direct, passant à côté d'une grosse exposition médiatique, mais ce n'est pas du même niveau que l'émission des Kardashian, qui ont inventé ce concept. Les Kardashian ont construit un empire, un concept incontournable. J'en suis à la troisième saison de téléréalité avec eux, et s'ils ont besoin je continuerai, mais ce n'est pas indispensable pour moi. Être un coach Instagram, montrer mes pectoraux, courir après les *followers*, comme c'est le cas de beaucoup à Los Angeles, ne m'intéresse pas. Mes passages télé m'ont, certes, servi, car des personnes m'ont sollicité pour des séances juste parce qu'elles m'avaient vu dans l'émission des Kardashian. Même la directrice de l'école de mon fils m'a dit un jour : « Je vous ai vu à la TV ! » Je ne suis dupe de rien, tout ceci est illusoire, factice, je sais que si, demain, un autre coach s'occupe des Kardashian, qu'il passe à la télévision, ces mêmes personnes iront vers lui et me délaisseront. Ce risque rapidement cerné, j'ai refusé ce type de clients que je pouvais facturer très cher. La relation n'aurait pas été vraie, il n'y aurait pas eu d'échange. Je veux des athlètes avec lesquels j'aie envie de travailler, chez lesquels je me rende sans avoir la boule au ventre, comme du temps où, à Saint-Cyr, on allait courir avec des potes dans la forêt du Bois-Cassé. Maintenant, on me paie pour ça ! Ce n'est pas du travail, je ne le conçois pas comme ça. J'ai besoin d'une relation, d'une histoire, d'un lien avec la personne, parfois même éphémère. Comme avec Johnny Hallyday. Ensemble, on n'a partagé qu'une séance car, par la suite, il a été trop affaibli par la maladie. Pour être honnête, je n'étais pas un grand fan de sa musique, ce n'était pas ma culture, mais c'est Johnny quand même. À l'époque avec sa femme Laeticia, que son ostéopathe m'avait présentée, on s'entraînait dans leur villa de L.A. Le jour où j'ai vu Johnny pour la première fois, je n'imaginais pas être autant intimidé. Je connais ses chansons parce que c'est Johnny, mais c'est tout, je ne l'écoute jamais dans ma voiture. Pourtant, je pense que c'est l'homme qui m'a le plus impressionné… peut être même plus que Kanye West ! Une bête de charisme, il en imposait tout de suite. Quand on a débuté la première séance avec Laeticia, il s'est mis au balcon de sa villa de Pacific Palisades et il a commencé à me brancher, parce qu'il nous voyait discuter des exercices à faire : « Ça parle ou ça fait du sport ? » Je ne le connaissais pas, je ne savais pas s'il était sérieux ou s'il rigolait ! Il ne décrochait pas un sourire ! J'ignorais comment le prendre, je regardais Laeticia et j'étais d'autant plus mal à l'aise qu'elle était gênée, un peu obligée de se justifier de faire du sport avec moi. Il tournait autour de nous, nous jaugeait et quand il m'a vu boxer avec sa femme à la fin, il m'a lancé : « Tu boxes, toi ? » Je lui ai expliqué que j'avais les fondamentaux, qu'on pouvait s'entraîner s'il le souhaitait. C'était en 2017, quelques mois avant sa tournée des Vieilles Canailles. Et, en effet, le lendemain, on se retrouvait pour une petite séance. Avant de commencer, je lui ai posé quelques questions et il m'a fait un peu peur :

— J'ai une hanche en fer et un pacemaker…

Le mec, c'était Terminator ! Je n'en revenais pas. Pourtant, même s'il était aminci à cause de son cancer, il restait très motivé.

— Je vais partir en tournée, il faut que je fasse du cardio.

J'ai proposé une séance de trente minutes, pour ne pas le pousser dans ses retranchements.

Il avait peu boxé dans sa vie, ça se voyait, mais tout de suite, il a voulu taper fort car Laeticia était présente, il voulait lui montrer qu'il était le boss, je trouvais cela très touchant. Je me suis demandé s'il tapait pour le plaisir ou simplement pour impressionner sa femme. « J'ai bien aimé », m'a-t-il dit. Johnny, quoi, le taulier ! Quel charisme… Laeticia filmait avec son téléphone, et les images de notre entraînement ont été diffusées sur M6, en décembre 2022, dans le documentaire-événement « Johnny par Laeticia ».

C'était un sacré bonhomme, il s'en foutait de plaire ou non, de brosser les gens dans le sens du poil. Complètement cash, il faisait seulement ce dont il avait envie et quand tu l'avais en face de toi, tu ne faisais pas le malin, il impressionnait. Il se moquait de tout à un niveau incroyable ! S'il ne t'aimait pas, il te le balançait, il n'en avait rien à faire. On m'a raconté qu'à l'anniversaire d'un proche, après avoir mangé, il en a eu marre, et, au bout d'un moment, il a lancé à Laeticia : « Viens, on part, c'est chiant. » Il s'est levé, il est parti sans se demander s'il allait heurter la personne. Un jour, il m'a invité à un brunch avec Omar et nos familles, il voulait qu'on se fasse un tour en moto, il nous racontait ses histoires avec les plus grands, et quand tu vois les gens qu'il a rencontrés, les photos dans sa villa, de Ray Charles à Mick Jagger, tu comprends encore mieux à quel point c'est un monument. Johnny, quoi. Un mythe, dont j'entends parler depuis que je suis né. C'était plus qu'un rocker français, j'avais ressenti la pression rien qu'en le voyant et j'ai eu cette chance de parler avec lui. J'ai eu la chance de le côtoyer le temps d'une séance, mais pas plus, car il était ensuite trop malade, malheureusement.

#*DON'T GET READY... BE READY* !!!

C'est une expression américaine qui signifie « ne te prépare pas, sois prêt ». J'ai toujours essayé d'adhérer à ce principe. On ne sait jamais quand une bonne opportunité va se présenter à nous. Vous pourriez vous en vouloir de manquer un tournant important de votre vie à cause d'un manque de préparation… alors anticipez ! *BE READY* !!!!

INTERVIEW
MISTI ET SCOTT, LES VOISINS DE JOËL DEPUIS QUATRE ANS

SCOTT : Un jour, je rentre du travail, la porte du garage de la maison de Joe était ouverte et je l'entendais parler et s'entraîner. J'aime rencontrer de nouvelles personnes, je me suis donc approché et il m'a expliqué qu'il était en visio avec la France pour une émission de télévision. Puis quelque temps plus tard, je l'ai entendu jouer avec son fils dans leur jardin. C'est un super gamin, très talentueux, il va devenir un grand athlète. Petit à petit, on a fait connaissance et on s'est mis à faire du sport ensemble. Je l'aide à se perfectionner en vélo, et ma femme Misti en triathlon. Ce qui est drôle, c'est que quand on a commencé, il n'avait même pas de vélo. En plein Covid, c'était difficile de s'en procurer un. Et maintenant, je peine à le suivre dans les descentes, il est rapide dans les virages ! Par chez nous c'est très vallonné, et dans les montées, il arrive en haut des cols avant moi, maintenant ; il apprend vite. Avec Misti, il s'entraîne à la nage dans l'océan.

MISTI : Il [Coach Joe] est très très fort. Il est capable de nager pendant une heure dans l'océan. Et c'est génial pour moi, il m'aide énormément avec ses conseils et ses encouragements. Il m'aide car j'ai peur pour passer les vagues en bord de plage : « Maintenant, Misti, plonge maintenant sous cette vague ! Doucement... Maintenant ! » Pour sortir de l'eau, c'est encore plus périlleux, car on a les vagues derrière soi, son aide m'est vraiment précieuse et rassurante. On s'amuse beaucoup quand on s'entraîne ensemble. Je ne suis pas le genre d'athlète qu'il a l'habitude d'entraîner, mais il ne semble pas irrité par le fait que je sois plus lente, il m'encourage.

SCOTT : Il est vraiment super costaud, tout le monde nage le crawl dans l'océan, lui, il va aussi vite en nageant la brasse, pour économiser ses jambes pour le vélo.
Ce qui est très agréable aussi, c'est qu'il est totalement lui-même. Il est toujours positif, très gentleman. C'est génial de le voir entraîner son fils. Il est tellement gentil, calme, positif avec lui. C'est extraordinaire. C'est une « vieille âme », il a vécu tellement de choses, il prend tout avec philosophie. Il sait et il apprécie d'où il vient, il est OK avec ça, et il sait profiter de chaque moment de sa vie.

MISTI : C'est quelqu'un de très spécial et de très accompli. Nous sommes des gens tellement normaux, comparés à lui ! Il est si gentil avec nous, on se sent chanceux de l'avoir dans nos vies.

SCOTT : Je me souviens d'une sortie vélo avec lui, le long de la côte. Quand on est arrivés à Santa Barbara, il a dit : « Je me souviens de la série télé qui se déroulait ici, *Santa Barbara*, et waouh, me voilà ! » C'est un gars qui sait apprécier chaque jour.

MISTI : Grâce à nos entraînements, j'ai fini un triathlon ! J'ai atteint mes buts, à la vitesse moyenne que je m'étais fixée. Je suis super contente car bientôt, Joe jouera avec l'équipe de football de nos amis ; on ne leur a pas dit qui il était, on leur a juste dit que notre voisin serait là. Ils vont être impressionnés qu'on leur présente un tel athlète !

SCOTT : C'est vraiment génial de voir cette famille venue de France exceller dans les sports américains. Ils sont bien dans leurs baskets, ils apprécient chaque moment. Joe est tellement modeste. Il a confiance en lui, mais il est très humble.

MISTI : Nous l'aimons beaucoup.

CHAPITRE 12

MA FAMILLE, MON VRAI MONDE

Avec Céline, ma femme, on se connaît depuis plus de vingt ans. Depuis 1999 exactement, une année qui aura été riche à plusieurs titres. Quand le lycée Mansard de Saint-Cyr-L'École a refusé mon dossier, ce qui a eu pour conséquence de modifier mon parcours scolaire, personne ne pouvait imaginer, surtout pas moi, que dans la foulée, j'allais rencontrer celle qui allait devenir ma femme. Recalé de cet établissement, j'optai en effet pour une première STT d'adaptation à Rambouillet où Céline se trouvait déjà depuis un an, mais, au début, on ne s'est pas trop... calculé. En fait, j'étais un mec à filles à l'époque, j'avais mon petit harem au lycée. En plus, titulaire du permis, je pouvais aller à l'école en voiture, j'étais le roi ! Céline, je l'avais croisée avant même d'entrer au lycée car j'avais fait un stage l'année précédente dans une boutique de

Rambouillet. Et comme j'avais des potes de la Verrière, de Trappes qui étudiaient déjà en BEP dans son lycée, j'allais les voir pendant mes pauses et j'avais un peu repéré les filles... Comme le jour de la rentrée. Une rentrée remarquée puisque j'étais arrivé en retard ! Quand je suis arrivé dans la classe, après avoir présenté mes excuses au professeur, j'ai scanné un peu les têtes comme je le faisais chaque nouvelle année, histoire de voir avec qui j'allais passer les neuf prochains mois. J'ignorais alors que parmi la trentaine de personnes, l'une d'elles deviendrait la maman de mes deux enfants, mais j'ai tout de même reconnu Céline que j'avais, donc, déjà vue un an auparavant. On a ensuite sympathisé lors des cours et des intercours mais sans arrière-pensée. C'est l'été suivant que notre relation a évolué. Avec des amis, j'étais parti en Espagne dans ma Golf 2 rouge, avec les jantes qui vont bien. Je m'étais saigné pour la payer, 9 500 francs (1 500 euros), en travaillant à La Poste de La Celle-Saint-Cloud où évoluait ma mère. Cette voiture a fait le tour du monde tant on lui a mis de kilomètres ! À mon retour d'Espagne, et avant de retourner en région parisienne, j'avais un plan : rejoindre Céline et des copines à elle à Biarritz. On a passé une semaine là-bas avec Pedro, rappeur de L'Skadrille, mais, là encore, sans se rapprocher, on parlait beaucoup, on délirait. À la rentrée, on s'est retrouvés dans la même classe et on a commencé à sortir ensemble en novembre. Mais j'étais encore dans une période où je sortais beaucoup, j'avais dix-huit piges, je ne me voyais pas me poser. Pendant longtemps, notre relation a été instable entre ruptures et réconciliations... Ce qui a tout changé, paradoxalement, c'est l'Australie, après le lycée, quelques années plus tard. La distance aurait dû nous éloigner, mettre fin à notre histoire, mais elle l'a surtout mise à l'épreuve, l'a renforcée. Je me suis alors dit que j'avais vécu tout ce que j'avais à vivre, tous mes délires, toutes les expériences. En partant là-bas, je voulais changer, travailler sur moi, ma personnalité, devenir sérieux, enfin ne plus papillonner à droite, à gauche. Pourtant, Céline ne voulait pas que je parte en Australie, mais c'était l'endroit et le moment pour moi, je le sentais. Les au revoir ont été, du coup, assez froids en février 2006, elle ne m'a même pas accompagné à l'aéroport. Elle était dégoûtée, et pour ne rien arranger, une copine de la faculté de STAPS, N'bia Kerouicha, avait décidé également de s'installer en Australie à la même période. Mais N'bia, c'est ma *sista*, elle est manager à L'Usine aujourd'hui, on n'était pas dans un trip « on part ensemble ». Au contraire, chacun a fait sa vie en Australie, moi je suis parti dans les terres pour jouer au foot et N'bia a préféré rester à Sydney avant de rentrer en France, car ce pays, ce n'était pas son truc. Avec Céline, on a connu des hauts, quand elle est venue me voir deux fois là-bas, et des bas quand j'hésitais à rester la deuxième année et que je sentais qu'il était temps de me poser avec elle, sérieusement. Je comprenais que, pour Céline, cela puisse être difficile car, à l'époque, je n'étais pas le Joe de maintenant, sérieux, je pouvais partir en vrille à tout moment. En Australie, avec des étrangers, des fêtards, les filles, tout était réuni pour que je me foire, que je fasse n'importe quoi. C'était un test qui nous a servi à tous les deux, à plus ou moins long terme. Quand Céline est venue me voir en Australie, elle a vu comment fonctionnait le pays, la *vibe* dans laquelle j'étais et même elle, aujourd'hui, le dit, elle avait adoré ses séjours. Lors de son premier voyage, on est montés jusqu'à Cairns, Brisbane, on a visité tous les parcs, la barrière de corail. La seconde fois, on a basculé au sud, vers Adélaïde, Melbourne. Lorsque je suis allé à L.A., plus tard, pour la convaincre et la séduire, je lui ai dit : « Ça ressemble à Sydney, le délire plage, ville, tu passes facilement de l'un à l'autre, les gens sont cools. » La transition a alors été plus simple, au moment de s'installer aux États-Unis, car elle gardait de bons souvenirs de l'Australie qui est, finalement, l'endroit qui nous a définitivement rapprochés. Une fois rentré en France, c'était évident de me poser, que c'était elle. On est plutôt complémentaires : j'exprime assez peu mes sentiments, comme mon père, alors que Céline, même si en apparence elle semble un peu froide, un peu dure quand on ne la connaît pas, est l'opposé : sensible, peut-être même trop, très câline avec les enfants. Tout ce que je ne suis pas : tu prends moi et tous mes opposés, et c'est Céline. On a trouvé notre équilibre comme ça. La preuve que tout avait changé en un an à l'étranger – que j'avais changé ? Des potes qui étaient restés dans l'ambiance sorties et discothèques m'ont proposé, à mon retour, de les accompagner en boîte, mais ce n'était plus pour moi, je n'étais plus dans cette dynamique du monde de la nuit. Le bling-bling, le côté show off, ce n'était plus moi. Je n'avais plus aucun kif pour ces soirées qu'on me présentait comme la sortie du moment. Céline m'avait attendu tout ce temps, j'avais compris, j'étais passé à autre chose. Cette stabilité m'a structuré, et j'ai commencé à développer mes activités dès mon retour d'Australie, et très vite, en avril 2008, on a eu notre fille. Pendant cette période, c'est Céline qui a tenu la baraque car je partais à 6 heures du matin, je revenais à 22 heures. C'était non-stop, je ne lâchais pas, et comme tout se passait à Paris, je ne pouvais pas revenir à Guyancourt, dans notre appartement, mes pauses entre 14 heures et 17 heures étaient trop courtes. On se croisait, elle passait du temps seule avec la petite. Je sais que cela a été dur pour elle alors que je vivais avec, en tête, ce challenge de vivre du coaching, et que ce n'était pas gagné. Quand cela a commencé à bien marcher, que l'argent a commencé à rentrer, on était bien, oui, mais je faisais de plus en plus d'heures. Ce ratio temps passé au travail et à la maison ne lui plaisait pas, elle voulait que je rentre plus tôt chez nous, qu'on fasse plus de choses ensemble, et moi, à l'inverse, je me disais : « Merde, je me casse la tête à aller au boulot, à faire des heures et de l'argent pour qu'on soit bien. » Il fallait trouver le juste milieu et moi j'étais à l'extrême : je débutais dans le métier et je voulais tout bouffer, montrer qu'à Paris, c'était moi qui tenais le terrain du coaching sportif. J'étais partout, je faisais des extras, j'effectuais tous les remplacements qu'on me demandait. Avec le recul, je sais que j'en ai trop fait, mais s'il fallait le refaire, je n'hésiterais pas, car pour arriver là où j'en suis aujourd'hui, il a fallu passer par des sacrifices, des heures passées sur le terrain, les trajets, les engueulades aussi. Cette période de deux ans (2011-2012) a été lourde, mais ce fut encore plus compliqué en devenant mon propre patron, avec mes horaires, mes plannings… Et la rencontre avec Kanye West n'a fait qu'accentuer cette surcharge. Ce que Céline avait vécu auparavant a été multiplié par dix ! On s'est souvent accrochés mais, au final, on avait tous les deux raison, et l'épisode de mon premier rendez-vous avec Kanye West, nos vacances en Guadeloupe mises en péril, en fut un bon exemple. Là encore, j'avais dû faire un choix, quitte à ce qu'on s'embrouille. Elle m'en avait mis plein la tête car on avait perdu de l'argent, du temps. « Kanye, c'est trop gros, il ne va pas venir juste pour une séance. Tu ne vas pas déplacer toutes nos vacances pour une séance à laquelle il ne va peut-être pas venir. » Et elle avait eu raison, sur ce coup. Mais, moi aussi, j'avais eu raison, car si je n'étais pas resté sur Paris, peut-être aurait-il appelé quelqu'un d'autre plus tard, la fois suivante. Peut-être serais-je sorti du circuit et aujourd'hui, on vivrait toujours à Guyancourt, peut-être travaillerais-je encore dans des salles de sport parisiennes. Peut-être serions-nous tout aussi heureux, mais aurions-nous vécu cette incroyable expérience aux États-Unis ? Non, et c'est pour cela que je n'ai pas lâché, c'est comme si j'avais eu une vision de ce qui nous attendait. Ce n'est pas nouveau, je me projette toujours plus loin, c'est comme un moteur. Il y a quelques années, j'ai croisé LeBron James à Cleveland et quand il est entré dans la salle de presse où je me trouvais, j'ai ressenti comme une pression, celle que je me mettais inconsciemment. Présent physiquement, mais, dans ma tête, tout en le félicitant pour son match et en le checkant, je réfléchissais à la façon dont je m'y prendrais si on me demandait de faire une séance avec le meilleur au monde dans sa discipline. Je me faisais mon petit film. Pareil avec Kanye West et quand c'est arrivé vraiment, quand il a fallu l'entraîner, bien sûr que c'était fou et en même temps, cela ne l'était pas, car je l'avais annoncé à Céline, malgré le lapin qu'il m'avait posé la première fois. Alors, aujourd'hui, quand je dis à ma femme qu'il faut que je fasse certaines choses, que je le sens bien, elle a moins de réticence, elle a confiance en mon instinct et en ma capacité à relever les défis qui se présentent, les challenges, même les plus fous, que je me lance. Il s'est passé tellement de choses positives, que ce sera plus simple, à l'avenir, de la convaincre de partir sur de nouveaux projets. Quand je lui disais dans les périodes un peu compliquées : « Ne t'inquiète pas, tout va s'arranger », je ne lui mentais pas, j'en étais persuadé. Et le résultat est là : on est posés à L.A., la vie est cool. Elle m'a fait confiance, même si, qu'elle soit d'accord ou pas avec certaines de mes décisions, j'y allais. Elle n'avait pas trop le choix mais elle a tenu. Et de mon côté, ses réticences ont été un moteur : j'avais une pression supplémentaire, je ne pouvais pas me planter après tous les sacrifices que j'avais faits, les vacances que j'avais ratées, les anniversaires, les rentrées scolaires… Je n'avais pas loupé tout ça pour rien, pour revenir à Guyancourt.

Des années après, cette réussite globale, c'est mon joker ! Quand on discute avec des amis, qu'on évoque notre histoire, les difficultés par lesquelles nous sommes passés, je lui souris et je lui lance : « OK, c'était dur mais regarde où on est depuis huit ans ! » C'est ma petite victoire, j'ai tenu ma parole. Mais je ne lâche pas, je continue de me battre pour lui offrir le meilleur, pour, aussi, ne plus avoir à sortir mon joker, qu'elle se dise d'elle-même : C'était dur mais cela valait le coup. D'ailleurs, quand j'ai passé un mois et demi à Cleveland pour travailler avec Khloe Kardashian, cela a été beaucoup moins lourd que par le passé quand je partais en tournée avec Kanye West. Le contexte était également différent. Une tournée peut engendrer des dérives, des moments démentiels, hors de la vie normale : après les shows, on atterrissait dans les plus grands hôtels, les plus grosses boîtes de la ville, avec les groupies… Pour ne pas faire n'importe quoi, je me suis toujours tenu éloigné de ces tentations. Heureusement, je ne fume pas, je ne bois pas, je ne touche pas aux filles, évidemment. Dans le staff de Kanye, ils ont dû me prendre pour un mec bizarre ! Les choses étaient pourtant très claires, j'étais coach, donc dans un cadre professionnel, je ne pouvais me permettre d'être en freestyle la nuit. De ne pas être capable d'assurer, à 6 heures du matin, une séance avec Kanye. J'acceptais les invitations uniquement par respect. Et parce que je savais que j'avais ma vie de famille à la maison, que Céline travaillait chez Renault, qu'elle récupérait ensuite les enfants, qu'elle s'en occupait après la crèche et l'école, je n'avais pas le droit de m'amuser, de la trahir pendant ce temps-là. Heureusement cette base familiale, cet équilibre, m'a éloigné de ce mode de vie people avec strass et paillettes ; heureusement que j'ai eu Céline, car je savais où j'allais, pour qui je le faisais. Sans elle, je me serais peut-être grillé bêtement, professionnellement, en faisant des conneries en tournée, en profitant de la situation. D'ailleurs, si j'avais été célibataire, je pense que je serais encore en Australie car j'y étais bien. Je suis rentré pour elle, elle m'a mis dans la bonne direction et m'a donné envie d'y rester. Céline est mon équilibre, elle m'aide à ne pas sombrer dans le futile, à ne pas me perdre dans une vie qui ne me ressemble pas. Elle me rappelle que la vie de Kanye West n'est pas la mienne. Elle vient, parfois, à des soirées people avec moi, mais ce n'est pas notre truc, pas notre monde. Souvent, Céline ne sait même pas qui est qui ! Moi, c'est le 7-8, Saint-Cyr-L'École, la Cité Marron. Même si on avait leur argent, je ne sais pas si on aimerait avoir leur vie, très spéciale quand même. J'aurais pu me perdre, mais elle était là, à gérer son boulot, les deux enfants, à galérer alors que je partais en tournée avec Kanye pendant plusieurs semaines, à l'autre bout du monde, dans des hôtels et des lieux incroyables. Il lui a fallu s'adapter, passer par des moments difficiles quand j'ai beaucoup voyagé, parfois pendant des périodes indéterminées, que je la laissais seule avec les petits pendant que, quelque part, je m'éclatais professionnellement. Elle n'a pas toujours compris ni accepté que je puisse passer autant de temps en tournée avec Kanye West. Je ne pouvais rien prévoir, je partais une semaine, un mois, elle me laissait à chaque fois cette liberté. Avec les enfants, elle est ma motivation, mon moteur. Ce que je mets en place, tous mes projets, c'est pour mes enfants, ma femme. Alors toutes les épreuves traversées, les doutes, les angoisses de ne pas réussir s'effacent devant leurs sourires, leur épanouissement. Cela valait le coup. Les États-Unis, vivre à Los Angeles, c'était la moindre des choses que je puisse leur offrir, surtout que Céline a dû quitter Renault où elle s'occupait de ce qu'ils appelaient « les véhicules exceptionnels » pour les shows, les émissions de télé, les salons, parfois des prototypes. Elle s'épanouissait là-bas, mais elle a réussi à avoir un congé sans solde de dix-huit mois, ce qui nous rassurait aussi. On savait que si on rentrait, elle retrouverait son travail, c'était une petite sécurité. Mais elle était dans le même état d'esprit que moi : Los Angeles, c'était une chance à saisir, la chance d'une vie. On n'en aurait pas quinze.

#SAVOIR FAIRE DES SACRIFICES.

On ne peut pas avoir le beurre et l'argent du beurre. Forcément, au cours de votre parcours, vous aurez à faire des choix, et parfois ces choix vous feront manquer des moments de familles ou amicaux, des instants précieux, mais c'est le prix à payer. Le père de mon ami Nordine m'a dit un jour : « Si tu as deux chemins dans la vie, un qui te fait pleurer et un qui te fait rire… prends celui qui te fait pleurer le plus tôt possible pour rire par la suite plutôt que l'inverse. » J'espère être actuellement sur le bon chemin.

TÉMOIGNAGE
KAREN DERSÉ

« Coach Joe a changé ma vie. »

« Coach Joe a transformé ma vie. Je l'ai rencontré il y a une dizaine d'années, grâce à Omar et Hélène Sy, via l'association CKEDUBONHEUR, qui œuvre pour les enfants hospitalisés. Joël est un homme positif, toujours de bonne humeur. Il y a huit ans, nous étions en vacances au même endroit. À l'époque, j'avais pris beaucoup de poids et décidé de suivre un régime et de faire du sport. Il m'a aidé à faire quelques sessions pendant les vacances et en discutant, on a réalisé que sa salle de musculation était dans la rue où j'habitais ! Je n'avais pas les moyens de me payer un coach sportif particulier, alors il m'appelait dès qu'il avait une heure de libre. Je payais seulement la location de la salle. Cela montre quel genre d'homme est Joël Bouraïma. Il avait compris ma motivation. Son travail avec moi a été exceptionnel. Pendant deux ans, il a fait de moi une athlète ! Sans lui, jamais je n'aurais atteint ce niveau. Il est absolument incroyable. Il me faisait travailler sans que je m'en rende compte véritablement. Les séries qu'il impose sont relativement courtes, de façon à travailler en intensité sans se lasser. Avec lui, on ne s'ennuie jamais. Sa façon de coacher est très ludique. Mais Joël ne s'arrête pas au sport. Moi, c'est surtout sur le plan mental qu'il m'a transformée. Il a changé ma vie. Depuis nos séances, ma façon de penser n'est plus la même, dans ma vie personnelle comme dans ma vie professionnelle. J'ai retenu nombre de ses petites phrases : « Karen, quand on te dit NON, c'est non MAINTENANT, mais ce n'est pas non demain, après-demain ou dans une semaine. » Comprendre ça, ça change beaucoup de choses. Il faut se battre. Ne pas se résigner. Être acteur de sa vie. Il faut travailler pour être épanoui. Joël me parlait constamment de ma zone de confort : « Karen, à partir du moment où t'en chies, il va falloir que tu te battes. Et si tu arrives à travailler dans ta zone d'inconfort, c'est là que tu vas progresser. » Cette zone d'inconfort est toujours ancrée dans mon esprit. Dès que j'y arrive, je trouve un regain d'énergie pour aller plus loin. C'est grâce à tout ce que Joël m'a appris. Il est autant coach mental que coach sportif. Dans mon travail, son coaching m'a aidée à m'accomplir. Professionnellement, j'ai changé. C'est comme s'il m'avait mise au travail en m'apprenant la discipline. C'est la clé de tout. Depuis son départ pour Los Angeles, rien n'a changé : je fais toujours du sport quatre jours par semaine. Je n'ai jamais perdu contact avec lui. Lors de son dernier passage à Paris, je suis allée le voir à la Star Academy. Ce jour-là, il avait emmené des jeunes de son quartier et de l'hôpital pour leur faire découvrir les coulisses d'une émission de télévision. Il utilise sa notoriété pour intégrer ceux qui n'ont pas accès à ce monde-là. Il veut inspirer les autres, montrer que tout est possible. Joël est un homme bienveillant, qui n'a pas changé d'un pouce avec son ascension sociale. »

CHAPITRE 13

« C'EST QUOI LA SUITE ? »

Sky is the limit, non ? Des rêves, j'en ai plein la tête et, au contact de la société américaine depuis huit ans, j'en viens à penser comme Steve Guttman : « C'est quoi la suite ? » Tout le monde pense que je suis arrivé, mais cela n'a même pas commencé. La prochaine étape ? Obtenir ma *green card*, devenir résident américain afin de lancer mon entreprise car, pour l'instant, en termes de développement, je suis bridé pour les prêts, les locations de salles. Aller le plus haut possible, tutoyer les coaches millionnaires dont je récupère, déjà, les athlètes, être dans leur *game*… Avant moi, les Kardashian travaillaient avec Gunnar Peterson, Kanye West avec Harley Pasternak… Tous me disent, aujourd'hui : « Joe, c'est mortel, tu as un truc que les autres n'ont pas. » Il n'y a pas de raison que je n'y arrive pas. L'argent ne m'attire pas, mais je veux être reconnu comme ces gars-là, qu'on dise, quand on parle de coaching, « il y a Peterson, Pasternak et il y a Coach Joe ». Encore plus qu'on dise « Joe, le gars qui vient de France, d'un petit quartier des Yvelines… ». Il sera alors temps de défricher d'autres territoires. J'ai quarante-deux ans, je dois penser à l'avenir. J'adore coacher les gens, mais peut-être qu'un jour, je n'aurai plus la même énergie, la même force physique, il me faut anticiper l'avenir. Plusieurs activités sont en développement : j'ai découvert le plaisir de partager mon expérience, et pas seulement au travers de ce livre, mais aussi en rencontrant directement les personnes intéressées par mon parcours. J'ai adoré, il y a quelques mois, rencontrer les étudiants de mon ancienne faculté, je tenais vraiment à partager mon parcours. Ils étaient là, moins pour mon histoire en elle-même que pour se trouver une source de motivation, se donner des clés pour réussir leur vie professionnelle. Étudiant, j'aurais adoré qu'une personne vienne discuter, présenter son cursus et me dire : « Après la licence, voilà ce que tu peux faire. » Surtout qu'à l'époque, on avait très peu de retour sur le métier de coaching, encore très peu développé. Être professeur de sport, c'était mon objectif ultime alors que d'autres pistes s'offraient à moi, mais personne n'était là pour me le dire. On peut faire plein de choses dans le sport sans être prof, footballeur, rugbyman, c'est un domaine qui offre des dizaines de possibilités et beaucoup n'en ont pas conscience. Étudiant, on posait des questions aux profs qui n'avaient pas le recul, qui ne pratiquaient pas les activités vers lesquelles on voulait se diriger. Ce n'était pas assez pratique, pas assez formateur sur le plan professionnel : une licence management du sport offre un spectre assez large, pas comme un CAPEPS où tu sais que tu vas être prof à 100 %. Concrètement, qu'est-ce qu'on peut faire après la licence ? Dans les cours magistraux, on nous parlait bien des profils psychologiques différents des personnes, mais à l'époque, je ne voyais que la pratique sportive, je ne pensais qu'à l'effort, aux performances, aux pectoraux. Aujourd'hui, je sais que je me trompais, l'approche psychologique, c'est 90 % de mon activité et j'aurais aimé qu'un professionnel me l'explique, qu'il partage son expérience. Beaucoup des étudiants m'ont posé des questions diverses et variées, et mes réponses leur ont donné de vraies perspectives. Des réponses qui proviennent de mon expérience et pas du gars qui connaît un gars qui en connaît un autre qui a vécu ça. L'échange a duré deux heures, mais j'avais l'impression qu'on avait parlé dix minutes tant je me suis senti dans mon élément. C'était la première fois que je m'exprimais devant des étudiants, mais, ensuite, j'ai reçu plein de messages : « Merci, vous nous avez boostés. » C'est exactement pour ces raisons que je voulais faire ce livre, répondre à toutes ces interrogations, et pas seulement aux étudiants de mon ancienne licence. La présidente de l'université est venue me dire qu'elle avait aimé mon intervention. Plusieurs facultés m'ont contacté dans la foulée après que la conférence a été relayée par les étudiants sur les réseaux sociaux. En France, très peu de personnes, à part les grands champions, évoluent dans ce domaine de la motivation. J'avais rencontré Fabien Gilot, le nageur, qui m'avait expliqué avoir participé à des séminaires au sein de grands groupes industriels, un peu partout dans le monde. Pas sur la façon dont les dirigeants doivent gérer leur business, mais pour expliquer comment, eux, en tant que sportifs de haut niveau, sont parvenus à atteindre leurs objectifs, tout en faisant le parallèle avec l'activité professionnelle de leur auditoire. Après ce premier échange, pourquoi ne pas, plus tard, migrer vers cette branche quand j'aurai fait le tour du coaching, en tout cas de la partie activité sportive ? Je me laisse encore deux ou trois ans et la fin de mon visa américain pour savoir si j'amorce un nouveau virage, en France. Si je dois intervenir dans des entreprises, ce sera plus structuré. Dans l'amphithéâtre, j'y suis allé au feeling et l'exercice m'a semblé assez aisé car je connaissais par cœur mon sujet, c'est mon histoire. La prochaine fois, avec un plan à établir et à tenir, ce sera peut-être plus stressant, je ressentirai plus de pression avec des gens d'un niveau social plus élevé, avec de grandes responsabilités… Mais je ne m'inquiète pas trop : quand je raconte mon parcours, qu'ils soient PDG, boulangers ou professeurs, je sens que les gens sont intéressés. Car l'histoire est vraie, vécue, elle ne peut que toucher les gens.

Et, bientôt, d'autres chapitres vont venir enrichir et remplir mon agenda. Les camps d'entraînement d'été pour sportifs de haut niveau, par exemple, sont une piste à explorer. Avant la pandémie, le basketteur français Mam Jaiteh, qui évolue à Bologne en Italie, est venu à Los Angeles pour parfaire sa condition et, pour nous deux, c'était une superbe expérience. Ses retours m'ont conforté dans ce que je faisais, d'autant plus qu'il sort de l'INSEP, l'institution sportive de référence en France, qu'il était suivi par les plus gros clubs de Pro A, sélectionné en équipe de France, un sportif qui maîtrise son sujet. Pourtant il a été surpris par le travail qu'on mettait en place ensemble durant les trois semaines de juillet où il a vécu ici. La première semaine, nous avons basé le programme sur une séance quotidienne, puis on est montés en régime avec deux séances par jour, certaines plus relax. Mon but n'était pas de le casser, je lui disais de bien écouter son corps, il a aimé ce travail individuel car, à l'INSEP, comme en équipe de France, ils n'ont pas le temps de travailler individuellement, de faire du spécifique par poste. Pourtant, c'est indispensable, tous ont des corps différents, des contraintes anatomiques particulières en fonction de leur morphologie. Mam, par exemple, avait une rigidité de la hanche, ce qui perturbe la fonctionnalité des membres inférieurs et, sans surprise, il avait des douleurs au genou, à la cheville. La première semaine, en découvrant la salle ultra-équipée, il a pensé qu'on allait soulever des poids comme des fous ! On ne l'a pas fait une seule fois, cela n'aurait eu aucun intérêt dans son cas. On a travaillé sur la mobilité, le gainage, que du basique et, pourtant, il me disait n'avoir jamais ressenti ça, ni jamais travaillé de la sorte, alors qu'il est un athlète professionnel depuis cinq ans. Cela m'a conforté dans l'idée qu'avec un sportif de ce niveau, il y a des choses à faire, à mettre en place. Mam Jaiteh, je l'ai rencontré grâce à son agent, Olivier Mazet qui fait ses premiers pas en NBA et qui, comme moi, vient des Yvelines… On a repris contact quand il est arrivé à L.A., mais il ne pouvait pas me donner tout de suite des joueurs NBA, qui veulent d'abord qu'on fasse nos preuves. Mais Mam est top, il est intéressé par cette préparation individuelle qui, pourtant, aurait pu le dégoûter : par le passé, il était déjà venu à L.A. pour se faire coacher et cela s'était mal passé, car le coach lui avait pris 3 500 euros ! Il l'avait fait venir le dimanche, lui avait préparé une séance le lundi matin et tout ça, pour une semaine non-stop avant un retour en France le vendredi ! C'était inutile, car il y a toujours un temps d'adaptation de deux ou trois jours après un long voyage, et tout ce qui est fait dans l'immédiat n'a aucun intérêt. Il avait l'impression d'avoir pris une carotte, le travail n'avait servi à rien sur le plan physique, car ce n'était pas du sur-mesure. Moi, au contraire, j'étais ouvert à ses demandes, ses besoins et pour être professionnel jusqu'au bout, j'avais appelé le kiné et le préparateur physique de son club, Franck Kuhn, qui travaillait aussi avec l'équipe de France de basket. Eux aussi étaient dans une démarche d'ouverture et on a pu échanger nos données sur Mam, ils m'ont donné son mode de fonctionnement, le protocole de soins de son genou. Un vrai bonheur de travailler dans ces conditions, et cela a eu un impact sur le sportif lui-même : à l'INSEP, il détestait l'haltérophilie car il n'avait pas intellectualisé les mouvements, il ne savait pas ce que cela lui apportait. Là, on a pris le temps de l'expliquer et il m'a dit : « Je commence presque à aimer l'haltéro ! » Tous les sportifs devraient pratiquer cette discipline, mais elle est mal perçue car ils ne savent pas s'y prendre, on ne leur apprend pas la plupart du temps. Or, dans une grande majorité des sports, on a besoin de l'haltérophilie. Se renforcer, se gainer, être explosif, améliorer sa posture. L'haltérophilie, c'est l'école du dos, cela te rend solide parce que le haut et le bas de ton corps sont tous les deux forts, donc reliés. Quand il y a un déséquilibre, une partie plus musclée qu'une autre, les blessures ne sont pas loin. Il en a compris l'importance en trois semaines, je lui ai ouvert les yeux sur les axes à travailler, mais c'est à lui, maintenant, avec son préparateur physique, de poursuivre les efforts en Italie, où il joue aujourd'hui. On se tient au courant par SMS, on échange encore sur son ressenti, mais lui doit travailler par ailleurs, il le sait, il l'a compris pendant son séjour à L. A. À cette occasion, il a pu voir comment Joel Embiid, aujourd'hui aux Philadelphia 76ers, une des nouvelles stars de la NBA, un des meilleurs à son poste, a évolué depuis trois ans. À l'époque, Mam faisait jeu égal avec lui, c'était très clair sur les vidéos qu'il me montrait ! Trois ans après, il a vu l'évolution physique et médiatique de Embiid, le travail effectué aux États-Unis où les gens peuvent avoir l'impression que, pendant la trêve – qui peut être longue si ton club ne dispute pas les *playoffs* –, les basketteurs sont en vacances. Soit la moitié de l'année. Au contraire, de mai à octobre, tu ne peux pas ne pas t'entraîner, sinon tu es mort quand tu reprends la nouvelle saison. Eux font trois mois de préparation du niveau de ce qu'on a fait pendant trois semaines, d'où la différence de niveau. Mam a pris conscience du travail abattu en NBA et cela lui a donné un coup de fouet. Pour lui ouvrir encore un peu plus les yeux, j'ai convoqué un jeune de vingt-trois ans qui évolue en NCAA, la dernière étape avant la NBA. Marc, un Français de Lyon, mais qui vit aux États-Unis depuis quatre ans, et qui a donc la mentalité américaine. On est allés se faire la fameuse dune de Manhattan Beach et le jeune l'a bouffé, littéralement éclaté physiquement. Alors qu'il voyait Mam comme un « grand » puisqu'il est professionnel ! Au-delà du physique, la mentalité a fait la différence, leur langage corporel a parlé. Le petit jeune montait la dune comme si sa mère était dans un immeuble en feu. Mam avait l'envie, mais dès que cela commençait à être dur, il mettait les mains sur les genoux. En match, surtout ne fais jamais ça, ne montre jamais ta fatigue, même si tu es en souffrance physique, que tu es sur le point de vomir, garde la *poker face* ! Laisse croire que tu es bien, même si ce n'est pas vrai, afin d'envoyer comme signal à ton adversaire que tu es là, encore frais. Kobe Bryant faisait ça parfaitement : il attendait de voir qui s'entraînait le plus, puis la fois d'après, il se rendait avant lui sur le terrain et restait jusqu'à ce que l'autre parte. Psychologiquement, il avait pris l'avantage, son adversaire, qui s'était arrêté probablement par fatigue, devait se dire : « C'est un monstre. » Des gars comme lui, comme Cristiano Ronaldo, ne s'estiment jamais au top, ce qui leur permet d'être là où ils sont, parmi les meilleurs. Mes sportifs lambda, je vais les chercher là-dessus, pas pour qu'ils réalisent des performances comme les sportifs de haut niveau, mais pour les titiller, voir s'ils sont capables de se pousser eux-mêmes, de repousser leurs limites, même en mon absence.

C'est mon rêve ultime, travailler avec de vraies machines comme LeBron ou Cristiano Ronaldo, les pousser pour connaître leurs limites, s'ils en ont. LeBron James, juste le regarder se préparer, s'échauffer, m'a donné envie d'évoluer avec la crème des sportifs. Après tout, je travaille avec son ex-coéquipier Tristan Thompson, donc pourquoi pas ! Le cercle se resserre, je me rapproche d'eux : il y a quelques années, Omar a fait une pub SFR avec Cristiano, donc pourquoi pas, un jour, le coacher ? Ce n'est plus comme si j'étais encore à Saint-Cyr à me dire « ah, si je pouvais rencontrer ces gars-là », maintenant, je suis presque en contact direct. Je peux même envoyer un message au préparateur de LeBron, ce qui était encore inimaginable il y a quelques années. Il est trop tard mais j'aurais adoré préparer Michael Jordan, Zinédine Zidane, parce qu'ils ont été les meilleurs de leur discipline, qu'ils ont dominé leur sport. Comme Kanye West a dominé la musique. Tous ces gens ont un truc en plus dans leur manière de travailler, ils se connectent. Ce serait un beau challenge, aussi, de débuter avec une future star, de grandir avec lui sur plusieurs années, de le façonner. Professionnellement, c'est plus intéressant pour moi, je m'astreins à plus de recherches scientifiques, physiologiques et anatomiques. Les prises de masse, la perte de poids, j'en ai fait le tour, je sais à quelle personne cela s'applique, comment cela fonctionne… Et le résultat se voit tout de suite, le corps offre une photographie avant-après assez limpide. Les grands sportifs ne s'intéressent qu'à la performance et les gains ne sont pas immédiats, pas visibles seulement sur le corps, mais lorsqu'ils se sentent forts sur le terrain. Et la reconnaissance est formidable derrière. Quand des commentateurs de la télévision louent la forme du moment de Tristan Thompson des Cavs, qu'ils disent qu'il va beaucoup mieux, c'est en référence au travail que je fais avec lui depuis des semaines. Et quand lui m'envoie un maillot de sa finale NBA dédicacé « merci Joe », cela valide complètement ma méthode, mon investissement. Ce qu'on a réalisé ensemble a porté ses fruits, mais si je peux le faire ici, c'est plus compliqué en France où je ne suis pas reconnu comme un préparateur physique à proprement parler, pour des raisons de modules scolaires que je n'ai pas. Aux États-Unis, parce que j'ai collaboré avec des sportifs de haut niveau, on me considère comme un préparateur physique, on ne me demande pas de diplôme ! Je pourrais les passer, même intégrer des clubs professionnels, mais ce n'est pas ma priorité pour l'instant. En revanche, encadrer des camps d'entraînement lors des coupures sportives, avec quatre ou cinq joueurs, pour faire de la qualité, oui, j'aimerais développer ce concept. Adapter les intensités par rapport à la fatigue des athlètes, les séances par rapport à leurs activités touristiques en Californie, mettre en place du sur-mesure serait un projet qui collerait parfaitement à mes aspirations. Pour l'instant, je fonctionne par opportunité, par connaissance, ce n'est pas vraiment une prestation que j'offre, mais, à l'avenir, j'espère structurer tout ça, de l'hébergement à la préparation physique en passant par la logistique et la nutrition. En revanche, si on me demande des discothèques, des chichas, ce sera sans moi. Je reste attentif à mon image de préparateur physique.

Les sportifs ont toujours été au cœur de ma méthode et jamais, à part des courbatures et des nœuds musculaires, l'un d'entre eux n'a été blessé lors de mes séances. Je fais tout ce qu'il faut pour qu'ils évoluent en toute sécurité dans l'exécution des mouvements, dans les charges avec lesquelles je leur demande de travailler. Ma méthode leur convient, ce qui m'étonne toujours un peu pour avoir longtemps idéalisé le monde du sport professionnel, un peu trop. Je me souviens du programme de vacances que Newcastle avait donné à Mehdi Abeid, un joueur de football que j'ai coaché. Cela m'avait interpellé, c'était la feuille de route d'un club régional, le truc naze par excellence. S'il avait suivi ce programme, jamais il ne serait revenu à la rentrée en forme. C'est là que je me suis dit qu'il y avait peut-être une idée à creuser, une de plus. Dans quelques années, peut-être, pour me poser. Aujourd'hui, je ne veux pas avoir d'obligation, j'ai gagné mon indépendance, en ne dépendant plus d'une salle, et je ne veux pas la perdre. Mais coacher les plus grands, des gars qui sont déjà au top du top dans ce qu'ils font, forcément, j'en rêve. M'asseoir autour d'une table avec eux et voir ce que je pourrais leur apporter, comprendre ce qu'ils ont dans la tête, dans le ventre, le niveau qu'ils ont et qu'ils peuvent encore atteindre. J'ai eu la chance de parler avec celui qui est le préparateur physique de LeBron depuis quatorze ans, Mike Mancias : ce n'est pas un de ces coaches Instagram dont je parlais plus haut. Lui, personne ne le connait alors qu'il prépare le meilleur joueur de tous les temps, peut-être. Lors de la saison 2017-2018, LeBron a fait quatre-vingt-deux matches sur quatre-vingt-deux, il n'en a pas raté un en raison de la fatigue ou d'une blessure. Une machine. Et, pendant les *playoffs*, il était encore en forme pour réaliser un quarante-huit minutes sur quarante-huit contre Boston lors du match 7 alors qu'il avait déjà trente-trois ans. Parler avec son coach fut aussi fort, pour moi, que de parler avec LeBron lui-même : je lui ai posé mille questions sur ce qu'il a fait, d'où il venait. Il a été stagiaire du préparateur physique de Michael Jordan quand il a fait son retour en 2001, aux Washington Wizards. Mancias aura donc appris le métier avec Jordan et LeBron et, pourtant, il ne se la raconte pas : il est petit et enveloppé, mais il est là !

#AVOIR LA VISION.

Même avec le meilleur GPS du monde, si vous n'indiquez pas la destination finale, vous tournerez en rond. Cette destination, c'est votre vision, c'est ce qui vous permettra de continuer d'avancer même quand les temps seront durs. Avoir une vision d'où je voulais être, c'est ce qui m'a permis de me pousser à travailler dur, car je savais ou j'allais et pourquoi je me tuais à la tâche. La vision n'est pas quelque chose que vous pouvez voir de vos yeux, mais plutôt que vous pouvez ressentir profondément au fond de vous.

TÉMOIGNAGE
BÉATRICE DESCOINS

Responsable d'enseignement à l'université Paris Sud, Béatrice Descoins est celle qui a recruté Joël Bouraïma dans sa dernière année de formation STAPS, déterminante pour son avenir, en 2003.

« La promotion de Joël était un excellent cru. C'était le tout début de cette licence professionnelle. Ces étudiants n'étaient pas comme les autres, c'est-à-dire que leur énorme potentiel avait été négligé par les autres recruteurs. Certains professeurs se croyaient capables de prédire l'avenir, ce qui n'est jamais bon, et n'avaient pas cru en Joël. Pour choisir mes étudiants, j'avais élaboré un questionnaire qui ne contenait pas les interrogations « classiques ». Il portait sur des choix de mots qui les attiraient. Cela me permettait de saisir leur potentiel, leur envie, leurs capacités relationnelles, leur empathie. Je disais souvent à mes jeunes : il faut de la force dans la persévérance. Joël et tous ces jeunes avaient une envie, mais aussi la persévérance nécessaire pour atteindre leurs objectifs. Ils voulaient se comprendre, mais aussi comprendre les autres, ce qui est fondamental pour travailler dans les métiers de la forme et de la remise en forme. J'ai relu le questionnaire de recrutement de Joël : outre son niveau de connaissances qui correspondait à nos attentes, ses réponses étaient parfaites. La connaissance de ses atouts, son idée quant à sa propre évolution, sa persévérance… Joël me paraissait intéressant et adapté à la formation, et je devinais ce qu'il pouvait devenir dans sa relation à autrui, dans l'accompagnement au développement des autres. Dans un collectif, il était très attentif. J'ai relu les appréciations – hyper positives - de son maître de stage : Excellente compréhension de son environnement afin de pouvoir répondre aux attentes. Durant sa formation, je me souviens d'un Joël tantôt sérieux, tantôt boute-en-train. Il se questionnait énormément, sur son état physique, son anatomie, ses positions. Sa musculature du dos était impressionnante. Je me souviens de l'avoir mis en garde ! Humainement, Joël a toujours été très sympathique. Avec mon mari (qui enseignait la communication), je suis contente d'avoir été ce petit grain qui lui a permis d'avancer. Joël avait le sens de la négociation, il n'abandonnait jamais, avait l'esprit d'équipe, une ouverture d'esprit, une capacité à résister au stress. Je suis très heureuse de le voir à Los Angeles, car il avait besoin de cette reconnaissance. Je suis heureuse qu'il soit sorti de ce cocon d'enfermement, sans le renier. C'est magique. Cela prouve que rien n'est déterminé. Il suffit d'un petit quelque chose pour basculer du mauvais côté, mais aussi du bon côté. Je suis très heureuse pour Joël et tous ces jeunes. J'avais incité Joël à visiter l'Australie. Je sais qu'il m'a écoutée, mais je n'avais pas à beaucoup insister, il avait très envie de voyager. La preuve, c'est qu'au lieu de choisir un stage dans un centre de remise en forme ou une thalasso - comme je le conseillais à mes étudiants –, il l'avait fait dans une association de voyage pour les jeunes. Ce jour-là, je m'étais dit : "Ce Joël a envie de bouger, et de faire bouger les jeunes !" »

CHAPITRE 14

AU-DELÀ DE LA DOULEUR

La plante des pieds en équilibre sur la crête, après des heures de marche, de souffrance, en manque d'oxygène, on craque. Face à la beauté du paysage et à cet endroit magique que les Américains appellent « The Window », un creux dans la roche où l'on peut regarder le soleil se lever, avec Marouan et James on se prend dans les bras, on est exténués et on pleure, comme des gamins. On est allés au bout de nous-mêmes, de cette randonnée extrême sur les pentes les plus élevées d'Amérique du nord. Tout est parti, un peu à l'américaine, d'une discussion été 2016 avec Marouan, un Français qui vit à L.A. depuis une quinzaine d'années. Il me parle du mont Whitney (4 600 mètres), point culminant de la Sierra Nevada, que je ne connais pas, me le présente comme la chose la plus folle qu'il ait faite dans sa vie. En Californie, les gens sont très portés sur le spirituel, les *vibes*, et la façon dont il m'en parlait m'a porté : « En haut, tu es autre part, tu es dans les étoiles, tu as l'impression que tu ne fais plus partie de ce monde, tu te sens petit. » Sa vision assez philosophique de la montagne m'a fait cogiter, sa souffrance m'a interpellé et quand il m'a dit qu'il le refaisait la semaine suivante avec un autre copain, j'ai dit banco, j'étais chaud. Le départ était programmé le vendredi, il m'a donné rendez-vous le jeudi au magasin pour louer les piques, les sacs, les tentes et quand il m'a glissé la liste du matériel, je me suis demandé dans quoi je m'étais embarqué. D'une balade, on passait à une véritable expédition. Surtout, je n'avais aucune préparation spécifique pour cet effort. De toute façon, même en m'entraînant une semaine avant, cela aurait été trop tard et inutile. Et puis Marouan me dit que le mental va compter plus que tout, que, là-haut, la tête marche plus que les jambes… J'ai regardé quand même un peu sur Internet ce qui se racontait sur ce mont, j'ai commencé à m'inquiéter en découvrant que des mecs étaient morts l'hiver en faisant l'ascension, que d'autres avaient été touchés par le mal des montagnes, qu'ils avaient déliré. À un moment, j'ai même pensé que je m'étais chauffé un peu trop vite avec ce défi et j'ai envisagé un forfait. Mais la tentation d'éprouver ma volonté était trop forte et, finalement, on est partis d'Hollywood, de chez Marouan, pas loin du Walk of Fame, à 3 heures du matin. On était trois avec

Marouan et James, le mari de la styliste de... Kanye West ! Que je connaissais donc. On a fait la route pendant trois heures et j'ai compris qu'on n'était même pas certains de faire le raid, car il fallait obtenir un permis en début d'année. Sur place, il était encore possible d'avoir un *no-show permit* à la seule condition que des titulaires du permis ne se présentent pas le jour J. On roulait donc sans certitude, surtout qu'en cas d'accès disponibles, on s'en remettait au tirage au sort en fonction du public, sur place, dans le même cas que nous. Pour avoir plus de chance, on a décidé avec les gars de se présenter en individuel plutôt que sous la forme d'un groupe de trois, avec le risque que l'un de nous reste à quai. Par chance, on a obtenu nos trois permis ! Sauf que, là encore, il y en a trois types : vingt-quatre heures, quarante-huit heures et plus de quarante-huit heures. On avait les tentes, on voulait le faire en deux jours, mais on n'a retiré que des permis d'une journée. On n'a plus le choix, il faut le faire rapidement, monter et descendre, sans pouvoir se poser, ni dormir. Si tu dépasses le temps imparti, tu prends une amende de 5 000 dollars et les gardes-forestiers ne rigolent pas, ils tournent constamment dans le parc naturel. Après une bonne sieste jusqu'à 22 heures, on a mangé, on s'est équipés et, à minuit, on est partis, lampe frontale sur la tête, d'une efficacité assez limitée car on ne voyait rien sur les petits chemins, on entendait juste le bruit de la rivière en contrebas. Et on avançait avec la trouille de croiser des ours ! L'office de tourisme nous avait déconseillé de transporter de la nourriture dans des boîtes en plastique, car les animaux pouvaient la pister. En plus de nos conditionnements en fer, on se trimballait des toilettes portatives pour que les ours ne nous suivent pas à la trace. Quand, à l'office, ils m'ont raconté ça, j'ai demandé à Marouan : « Mais où m'as-tu amené ? Tu ne m'avais pas parlé des ours ! » En fait, tout s'est bien passé pour nous. En tout cas, jusqu'aux 3 000 mètres, jusqu'à ce qu'on arrive à un endroit qui s'appelle les « *99 switchbacks* ». Quatre-vingt-dix-neuf virages en zigzag qui montent, qui montent et qui t'amènent au point le plus haut. Dans cette partie, tu commences à manquer d'oxygène, c'est une zone où tu tires la langue et j'ai commencé à ressentir un contrecoup. Jusque-là, j'avais poussé les gars, car je me sentais bien, et me voilà à la traîne, à l'agonie. On a dû arriver vers 5 heures du matin à The Window et, jusqu'à ce qu'on revienne au point de départ, j'étais en souffrance, en guerre contre moi-même, je respirais par à-coups, j'avais l'impression qu'on me pressait les poumons, j'avais froid. Cet effort en altitude, sur la durée, jamais je ne l'avais réalisé, jamais je n'étais resté aussi haut, aussi longtemps. J'atteignais mes limites. Franchement, je ne prenais plus de plaisir, ce n'était pas mon domaine, je ne savais pas comment allait réagir mon corps, je ne maîtrisais rien. Cela me rendait fou de subir l'événement, de ne pas savoir combien de temps on allait mettre pour en finir. La dernière partie m'a paru une éternité, et quand une fois là-haut j'ai craqué, pleuré, c'était toute cette souffrance qui sortait, la tête qui lâchait. Je repensais aussi à mon ami Abdessamad, décédé un mois auparavant d'un arrêt cardiaque au Mexique. Deux jours avant sa mort, je l'avais encore au téléphone, on avait discuté de la finale de l'Euro 2016 qui opposerait la France au Portugal quelques jours plus tard.

J'avais tellement souffert que j'en avais chialé et je m'étais alors promis de ne jamais revivre ça, de revenir sur le mont Whitney avec une meilleure condition physique. Avec Chris, un ami coach à L.A., on a reprogrammé cette expédition, mais il a eu un contre-temps de dernière minute. Pourtant, j'étais chaud, j'avais mon matos, j'étais fit, je m'étais planifié une bonne préparation pour ne pas connaître les mêmes désagréments que la dernière fois, pour ne pas subir. Je savais qu'il ne fallait pas que je prenne trop de poids, car, à 3 000 mètres, un kilo, c'est un kilo et même plus. Le jour d'avant, à 1 heure du matin, Chris m'a envoyé un message pour me dire qu'il avait un empêchement… Depuis quelques jours, il se posait pas mal de questions comme cela avait pu être mon cas la première fois : « Tu es sûr que je peux le faire ? » Il craignait de ne pas se sentir bien, d'être malade en haut, de me ralentir, mais je n'ai pas insisté. Pour ce genre d'effort, la tête doit être prête. La mienne l'était, je voulais y aller seul, mais ma femme s'inquiétait à l'idée que je fasse un malaise, que j'aie des hallucinations, que je juge mal le danger. Elle avait raison. Tellement dégoûté de ne pas me mesurer de nouveau au mont Whitney, je voulais me dépenser, faire quelque chose pour compenser. Alors je me suis lancé à l'assaut du mont Baldy, à une heure de L.A., accessible sans permis. C'est le point culminant de la Californie, il surplombe tout Los Angeles. Je l'avais déjà escaladé sur un seul des deux versants. Là, j'étais chaud pour faire les deux et enchaîner avec les trois Tee's : le mont Telegraph, le mont Timber et le mont Thunder. La première fois que je me suis attaqué au Mont Baldy, on avait mis 7 h 30 avec un de mes potes Adama, mais j'avais dû l'attendre et on avait pris notre temps pour redescendre. Cette fois-ci, je voulais savoir si je pouvais me challenger, le faire en moins de temps. J'ai enchaîné les quatre monts en dix heures et demie en solo ! Pendant deux ou trois heures, je n'ai croisé personne, c'était une drôle de sensation et, au-delà de la performance sportive, il y avait une dimension spirituelle : tu es au milieu de nulle part, dans la nature, et aujourd'hui, je ne peux plus m'en passer. Les *hikes*, les marches, ce n'était pas mon truc jusqu'à ce que j'arrive à L.A., et maintenant je suis équipé comme un habitué : le sac, les chaussures, le filtre à eau. Je suis rôdé ! Quand tu finis un tel raid, tu es tellement bien. Les trente dernières minutes avant d'atteindre le mont Baldy, c'était quelque chose. Tu te poses des questions, tu te parles, tout y passe. Il n'y a plus de filtre, tu ne peux pas tricher. Si tu mens, tu ne mens qu'à toi-même, car tu es seul. Une fois là-haut, tu n'as pas intérêt à tricher. Mais je n'oublie pas le mont Whitney, ses 33 kilomètres de montées et descentes, son dénivelé positif de 2 000 mètres. Je le garde dans un coin de ma tête. Je ne t'oublie pas, Whitney !

Je vis depuis l'adolescence avec ce besoin, ce plaisir plutôt, de me dépenser. C'est moins le cas aujourd'hui, car je grille pas mal d'énergie pendant mes séances. Quand je me mets dans le rouge, c'est plus pour la tête, pour moi, me sentir bien. Je ne suis plus dans une approche esthétique du corps et du sport, une volonté d'avoir des pec'. Je l'ai fait, je les ai eus. Je cherche autre chose, être capable de faire ce que je veux, quand je veux. En revanche, vers quinze ou seize ans, la muscu me servait juste à être balèze. Dans le gymnase Gérard-Philippe de Saint-Cyr-L'École, on avait un peu de matos, mais on faisait n'importe quoi en termes d'exercices, on répétait le développé-couché, comme les grands. On n'avait aucune notion, aucune envie de travailler la force, l'explosivité. Je n'avais aucune base, je n'avais rien lu sur le sujet : « Je m'en fous, man, donne-moi juste des pec', des bras ! » À l'époque, j'étais un peu enrobé, sans être gros, mais un peu grassouillet car, si je faisais beaucoup de sport, je bouffais du Nutella, des kebabs à n'importe quelle heure de la journée. La nutrition, j'en ai pris conscience plus tard, quand j'ai fait du taekwondo, quand il fallait faire attention au poids, aux catégories. La dernière semaine avant la compétition, quand j'avais un maximum de kilos à perdre car j'avais fait n'importe quoi avant, je peux vous dire que je la sentais passer, la diète. Le taekwondo, j'y suis venu car je cherchais plus un sport individuel après la déception de ne pas avoir fait carrière dans le foot. On s'entraînait à Guyancourt, mais très vite je me suis retrouvé, tous les dimanches, à tourner avec les gars du Pôle France, la crème de la discipline, les Pascal Gentil, Moctar Doumbia, dont je lisais les exploits dans mes magazines consacrés au taekwondo... Sauf que j'étais seulement ceinture blanche, que je ne tapais que depuis un an, un an et demi. Eux, tous, étaient ceinture noire. Tout le monde au club me disait que j'avais le niveau, que je pouvais peut-être rejoindre ces gars, et je me suis laissé convaincre... Qui ne tente rien n'a rien. Mes coaches Alphonse et Christophe, de Guyancourt, avaient parlé de moi au sélectionneur de l'équipe de France et l'avaient convaincu que je tiendrais le coup face à des athlètes de haut niveau. J'ai débarqué avec mon sac, mon dobok et ma ceinture... blanche ! Quand le sélectionneur m'a vu à la sortie des vestiaires, il a regardé mon entraîneur, il a cru halluciner : « Mais tu ne m'avais pas dit que c'était un ceinture blanche ! » Mon coach m'a dit alors : « Ne t'inquiète pas, enlève ta ceinture et passe un tee-shirt blanc. Tu fais du taekwondo depuis un an et demi, tu te retrouves devant des ceintures noires, fais au moins illusion. » Toute la matinée, on a fait des rounds sans prendre en considération les catégories de poids, le niveau, on tapait contre tout le monde car on était tous censés être ceinture noire. Personne ne savait mon niveau, sauf moi, donc. Je prenais de bonnes raclées, mais je m'éclatais, je tapais contre des mecs que je voyais à la télévision, aux Jeux Olympiques comme Pascal Gentil. À la fin du premier jour du stage, certains ont dû partir en test-match contre une autre nation, mais avant cela, ils cherchaient à faire du *sparring*. Tous les élèves se sont mis en rond, en formation Dragon Ball Z, et le sélectionneur prenait deux gars au hasard. Il m'a désigné face à un athlète d'Antony, qui, je m'en souviens, faisait l'affiche du tournoi de sa ville, en grand écart. C'était chaud ! Je lui ai mis la bourre, au gars, je savais que tout le monde nous regardait ! Techniquement, il était plus fort, souple comme une gymnaste de dix ans, mais là, dans la tête, j'avais trop la niaque. J'y suis allé à fond. Le taekwondo, c'est le mental. Mon premier coach me disait de donner tout ce que j'avais sur le premier coup, qu'il passe ou pas, mais tout donner afin de faire cogiter mon adversaire. C'est un jeu d'échec, un sport d'anticipation, tu attends la faille : « Si je mets le pied là, que je donne un coup dans le plastron, il va ouvrir ici, je peux donc passer par derrière. » Si ton adversaire réfléchit plus vite que toi, alors il a un coup d'avance et va t'offrir une autre parade. Cela va à mille à l'heure dans les têtes. L'examen de passage réussi, je suis venu tous les dimanches, de 1999 à 2001, jusqu'à ce que je rentre à la fac. L'activité me demandait beaucoup d'investissement et je n'avais pas assez de retour, d'autant que je me lançais vraiment dans les études. Mais au moins, je suis champion d'Île-de-France en – 84 kilos et en + 85. Cette année-là, j'avais raté mon régime, je suis monté d'une catégorie. Je me suis retrouvé contre des morceaux, des gardes du corps, des agents de sécurité de boîte de nuit qui faisaient 120 kilos. Mais comme j'étais plus rapide, j'ai réussi à m'en sortir. C'est un sport cool mais dangereux, ce n'est pas du foot où, au pire, tu peux juste perdre. Là, si tu te rates, tu peux te faire très mal. J'en ai vu des K.O., des dents sauter et moi, avec les études, je n'étais plus assez entraîné par rapport à des athlètes dont c'était le travail tous les jours. Qu'est-ce que moi, Joe, je serais allé faire avec mes deux ou trois séances par semaine ? Il fallait remettre les pieds sur Terre. Heureusement que je ne me suis pas chauffé à vouloir aller plus haut, cela aurait pu être un carnage. À la fac, je me suis donc mis à l'athlé car j'avais des prédispositions, j'étais rapide, j'avais un bon pied, et cette discipline me permettait d'avoir un spectre plus large en termes de préparation physique, comparé au foot. Je pratiquais spécifiquement le 100 mètres et le saut en hauteur, mais le fait de survoler toutes les disciplines à l'université (courses de fond, demi-fond, sprints, lancers, sauts en tout genre) m'a donné une vision plus large que si j'avais choisi la facilité de l'option foot. Courir vite, sauter haut, courir longtemps… L'athlétisme est utile dans tous les sports. Et cela m'accompagne encore aujourd'hui. Je fais minimum 5 heures de sport par semaine sans compter un hike d'une heure trente ou deux, histoire de rester un minimum en forme, d'être capable de faire ce que je veux, quand je veux : un foot ou un basket, un semi-marathon. Être prêt à tout moment et ne pas subir l'événement, car je déteste perdre ! Même pour un basket entre copains, tout de suite l'envie de gagner reprend le dessus et je le vis comme un match de NBA, je continue de faire les choses pour gagner. Mais mon approche du sport a évolué, je cherche plutôt les challenges, les défis dans les longues marches ou même le vélo et le triathlon depuis peu. Sur le coup, c'est dur, mais juste après… C'est tellement fort après, quand tu repenses à ce moment où tu étais sur le point de lâcher ! J'aime bien me faire mal, mais avec le sourire, car personne ne me force. Un hike aux aurores, c'est mon plaisir du matin comme un gars qui va chercher, dans le froid, son pain au chocolat : il souffre, mais il sait pourquoi, car, ensuite, il le savoure. Quand je pars dans ma montagne, je sais qu'à un moment, cela va être dur. Une fois ce moment passé, je suis content de l'avoir fait. Le prochain objectif ? D'ici la fin de l'année, je veux redunker sur Venice Beach ! J'ai 2 ou 3 kilos à perdre, les quadri, les mollets à travailler, du jus à reprendre. J'ai besoin de ces petits challenges personnels.

En fait, la première fois que je suis allé à Venice, j'ai repensé au film *Les blancs ne savent pas sauter*, avec Wesley Snipes et Woody Harrelson. Je voulais dunker sur ce même panier. J'ai fait un travail spécifique, et un jour, en plein jogging, je dis à mes potes que je vais le tenter. Je leur ai même demandé de me filmer sous plusieurs angles différents afin d'en faire un montage-souvenir. Et j'ai dunké !

Maintenant, j'ai quarante-deux ans et je ne le passe plus… J'ai donc un nouveau challenge : le réussir à nouveau. Plus les années passent, plus c'est dur.

Sans ce genre de défi, je m'endors, je suis comme tout le monde et je peux dire par moment : « Il ne fait pas beau, je n'ai pas envie de sortir, laissez-moi tranquille. » Ces périodes de relâchement sont importantes, il en faut, avant de se relancer grâce à la petite voix dans la tête qui vous pousse encore et encore. Et vous donne des idées : dans quelques années, pourquoi ne pas lancer ma propre franchise de salles de sport ? Pas de grandes structures mais de petits établissements à taille humaine, en instaurant une dynamique familiale où tout le monde se connaîtrait. Un concept qui ne nécessite pas de grandes connaissances du sport et de la musculation, mais qui, si c'est bien animé, peut être accessible à tout le monde. L'idée est de se sentir bien et d'avoir des résultats rapidement. J'ai déjà été approché par des investisseurs mais je souhaite acquérir plus de légitimité professionnelle, que ma notoriété soit plus assise. Je ne suis pas reconnu comme le Coach Joe, je veux m'imposer en France comme le numéro 1.

#SE CHALLENGER.

C'est en se testant que l'on connaît ses limites et c'est en ayant conscience de ses limites que l'on peut avancer sereinement sans se cramer. À mes yeux, la remise en question – physique et psychologique – est nécessaire pour établir une base de travail saine. Ne vous croyez jamais arrivé au sommet, continuez de travailler et de vous surpasser comme si chaque jour était une nouvelle ascension, celle de votre réussite personnelle.

TÉMOIGNAGE
CHRISTOPHER KADIMA
COACH SPORTIF À L.A.

« J'ai rencontré Joe via un ami qui jouait au basket à Besançon dans mon club, il avait fait un camp de basket que Joe animait. J'étais parti trois ans au Texas à l'université avant d'atterrir à New York, où j'ai bifurqué vers le *personnal training* après une blessure et l'arrêt de ma carrière en basket.

Avant de quitter New York pour Los Angeles, cet ami me donne les coordonnées de Joe, à L.A., et on a commencé à échanger à distance sur Facebook. À mon arrivée, on a tout de suite pris un café ensemble, on a parlé de la France, on avait des amis en commun, ça a tout de suite cliqué entre nous et on est potes depuis ce temps-là.

Joe, c'est un peu comme un grand frère pour moi, il a dix ans de plus que moi et à peu près dix ans d'expérience de plus en tant que coach, c'est comme un mentor.

Aujourd'hui, quand il est en déplacement, je le remplace pour entraîner certains de ses clients.

On échange beaucoup sur le fitness, le sport ; Joe est diplômé en France, je lui pose des questions, car ma formation, que j'ai validée aux États-Unis, est un peu différente.

Je suis expatrié depuis treize ans, je vis à L.A. depuis sept ans, et le côté humble de Joe, qui n'a jamais changé, est une bouffée d'air qui contrebalance bien le côté superficiel de la vie en Californie. Toujours présent, il prend le temps de répondre à mes questions et à celles d'autres jeunes coaches qui le contactent depuis la France, avec l'envie de traverser l'Atlantique pour vivre leur rêve. Il leur conseille avant tout de venir par amour de leur métier, pas en premier lieu pour l'argent ou le bling-bling. Il a beau entraîner les plus grosses stars, il ne s'est pas laissé aveugler, il reste toujours égal à lui-même et vit aujourd'hui de sa passion, qu'il partage avec beaucoup de sincérité pour aider les autres. »

CHAPITRE 15

LA DÉCOUVERTE DE LA TÉLÉVISION

Ma première touche avec la télévision. Studio 89, une boîte de production du groupe M6, m'expose un concept d'émission : transformer les gens via le sport et l'alimentation, avec un peu de remise en beauté (médecine esthétique légère). C'était inspiré d'un programme américain, en version moins trash, plus diluée, pour coller au public français.

L'émission s'appelait *Objectif 10 ans de moins* et était chapeautée par Cristina Cordula.

Attentif à mon image, j'ai hésité avant d'accepter. Je consulte mon entourage, certains m'invitent à la méfiance. Finalement, je réponds positivement, car l'émission ne reposait pas sur mes épaules. Ce ne serait pas un échec à cause de moi, ni un succès grâce à moi. Ça valait le coup de me frotter à ce genre d'aventure…

Malheureusement, j'ai été déçu du résultat.

L'émission est tournée au casino Barrière de Deauville, en Normandie. Les participantes sont des femmes marquées par la vie, qui fument, sont accros au soda et ont abandonné le sport depuis un bail. J'avais prévenu la production que je ne pouvais pas transformer une personne en deux semaines. L'idée était de transmettre de bonnes habitudes, sur le plan du sport et de la nutrition. La « magie de la télé » offre un joli résultat, parce que les plans du premier jour sont faits sans maquillage et avec une mauvaise lumière, contrairement à ceux du dernier jour. Quand j'ai regardé l'émission, je n'ai pas reconnu le concept que l'on m'avait « vendu », à savoir un axe sport-alimentation. La coiffure et l'esthétique avaient pris le pas sur le reste. Pour dix jours de tournage à huit heures par jour, on me voit à peine deux minutes, et de surcroît, certains de mes propos étaient dénaturés par le montage.

Pendant cette période, une nouvelle dramatique me prend terriblement de cours. Au mois de février 2019, j'apprends le décès de mon cousin Herman d'un cancer foudroyant du pancréas. Pendant des mois, il avait lutté contre la maladie sans m'en informer, car il refusait que je le voie diminué et qu'il pensait gagner son combat. Pourtant, j'échangeais avec lui régulièrement par téléphone, et j'étais loin d'imaginer son état. Je regrette toujours que les membres de ma famille ne m'aient pas averti, car j'ai beaucoup souffert de ce départ brutal. Personne ne me dit qu'il est malade, son décès est une surprise. Je l'ai connu costaud, 95 kilos ; quand il est mort, il en pesait 50.

J'ai d'abord appris sa mort par mon entraîneur de taekwondo, Christophe Zamy. Ensuite, mon cousin Karl, petit frère d'Herman, m'appelle : je ne comprends pas, je ne veux pas le croire. Il m'envoie des photos et des vidéos d'Herman malade, je le vois affaibli, amaigri. Je prends un gros coup. Puis j'en veux un peu à tout le monde, personne ne me l'a dit - pour me protéger sûrement, et aussi parce qu'Herman le leur avait fait promettre. Mais il y a des limites, quand il était sur son lit de mort, ils auraient dû me prévenir, j'ai du mal à comprendre qu'on ne m'ait pas laissé l'opportunité de le revoir.

J'apprends la nouvelle le 25 février, dès le lendemain, je prends un vol pour New York, je suis là-bas pour l'enterrement le 28. Je ne reproche rien à ma famille sur le moment, mais j'ai du mal à encaisser.

Il y a des tensions entre ma famille et la femme d'Herman pour des histoires qui remontent à quelques années. Mais moi, ça ne me concerne pas. Mon cousin laisse quatre filles. Elles me connaissent par les émissions des Kardashian aux USA, je comprends que mon cousin leur parlait de moi.

Herman était un modèle. Dès 1997, il s'était installé aux États-Unis, à New Heaven, près de New York, et travaillait comme un acharné pour s'y établir avec sa famille. C'est grâce à lui que j'ai traversé l'Atlantique pour la première fois, en 2002. Sans rien laisser paraître, je suis resté sous le choc pendant plusieurs mois. Herman était un peu comme un grand frère. Arrivé du bled à l'âge de quatorze ans, il vivait à Guyancourt chez mes cousins et faisait de nombreux allers-retours avec St-Cyr. Herman était très proche de Raymond (mon oncle qui vivait à la maison). Avec mon autre cousin Christian, ils ont été des figures très importantes pour moi, car ils travaillaient tous le sport, ils ont fait l'armée. Herman a grandi entre Trappes et Guyancourt, il connaissait Omar Sy, Jamel Debbouzze. Il était très respecté dans les Yvelines, c'était « un grand quelqu'un ». Son décès m'a fait très mal. Même le sport ne me motivait plus. En effet, mon cousin au physique massif et à la discipline de fer n'avait pas résisté à un cancer du pancréas. Alors, à quoi bon ? J'ai connu un vrai *down*. Je devais accuser le coup. J'étais démoralisé, démotivé de me dire que mon cousin, qui faisait du sport, qui était en forme, avait été rattrapé par la maladie malgré tout. D'un coup, le sport n'était plus une priorité pour moi. J'arrête tout. Je prends du poids. Je ressens de la tristesse, de la rage. Mais tu mets le masque, et tu retournes bosser. J'ai le tournage des *Cancres* en France, ma clientèle américaine, je prépare mon déménagement. Je reprends doucement le dessus.

Désormais, j'ai fait mon deuil et je suis capable d'aller voir ses proches pour parler de lui. Ça me fait du bien. Mais j'aurais vraiment aimé savoir qu'il était malade pour être à ses côtés, le soutenir, et le revoir une dernière fois. J'aurais voulu qu'il puisse venir voir ma maison, ce que j'ai réussi à accomplir. Car maintenant, si je rentre en France, ce sera voulu, j'ai passé le cap où ça peut foirer et me faire rentrer. Quand je regarde un peu en arrière, j'en suis fier, mon objectif était de gagner plus que ma mère, qui touchait un salaire de 7 000 francs à la Poste. Aujourd'hui, je gagne bien plus que ce que je m'étais fixé. Si on m'avait dit à l'époque qu'un jour, je pourrais payer un loyer pour une belle maison à L.A. sans me saigner, je ne l'aurais pas cru. À aucun moment je n'ai cherché à gagner autant, l'argent n'a jamais été une motivation pour moi ; l'important, c'était de pouvoir vire de ma passion.

Si ma première expérience télé n'a pas été concluante, elle m'a cependant permis de rencontrer un journaliste de Brut qui m'a proposé une interview : une vidéo de présentation. En cinq minutes, je raconte ma vie, mon parcours, les bâtons dans les roues qui m'ont empêché d'être professeur de sport, et ma nouvelle vie de coach à Los Angeles.

À la fin de la vidéo, je m'adresse directement aux gens : « Si à l'instant T, tu es en pleine galère, dis-toi que moi aussi, j'ai connu ces grosses galères, mais j'ai quand même réussi. Il ne faut pas attendre que la chance passe, il faut la saisir. La chance passe pour tout le monde, mais la question reste : est-ce que tu seras prêt ? »

La vidéo a été mise en ligne pendant que je montais dans l'avion pour rentrer à Los Angeles. Après douze heures de vol, je désactive le mode avion de mon téléphone. Instantanément, ça vibre, ça sonne, ça n'arrête plus ! Le nombre de mes followers avait décollé de façon stupéfiante. Hébété, je m'attarde sur le message du journaliste de Brut :

— Joe, c'est un truc de fou, on vient de poster ta vidéo, elle monte déjà à plus de 400 000 vues, il y a des tonnes de messages. On va la booster !

Mon interview se retrouve ainsi en page d'accueil de Brut. La vidéo devient virale. Six ou sept millions de vues ! J'étais devant le président Emmanuel Macron et la jeune militante Greta Thunberg ! C'était dingue.

À ce moment-là, je m'aperçois que mon histoire parle aux gens. Cela me conforte d'ailleurs à écrire ce livre.

Grâce à cette vidéo, j'ai été contacté par Bonne pioche, une boîte de production qui a gagné un Oscar pour *La marche des pingouins*, un remarquable documentaire, et qui a inventé l'émission *J'irai dormir chez vous*. Je savais que ce serait qualitatif. Quand la journaliste me contacte, elle me dit :

— On est en train de préparer un nouveau programme, et je ne vois pas quelqu'un d'autre que vous pour l'incarner.

Le concept : tourner une émission dans des écoles, afin de créer du dialogue entre des jeunes en décrochage scolaire et des personnalités qui ont été en échec scolaire avant de réussir différemment : acteurs, humoristes, businessmen, etc.

L'émission s'appelle *Les cancres* et sera diffusée sur RMC Story. Le concept me parle à 100 %. J'enlève ma casquette de « coach sportif » pour relever ce challenge inédit. En effet, mon rôle est d'animer l'émission. Tout nouveau pour moi !

Avec les invités, je suis là pour transmettre un message à ces jeunes, parfois désespérés : « Votre vie n'est pas finie. Vous pouvez réaliser vos rêves. »

J'ai carte blanche. Six caméras filment dans la salle. Équipé d'une oreillette, j'ai demandé à ne pas être dérangé, sauf parfois pour me remettre sur le fil conducteur si on digresse trop. Mais tout est naturel. Ils m'ont laissé « être moi ».

Chaque invité a été spécial. J'ai reçu Gad Elmaleh, Black M, Cécile Ladjali, Adrien Aumont (le créateur de KissKissBankBank, qui a quitté l'école à quatorze ans), Kheiron et Clarisse Agbegnenou.

C'est l'émission avec Gad qui m'a le plus marqué. J'avais déjà travaillé avec lui en tant que coach, mais on s'était perdu de vue à son départ pour les États-Unis. J'étais très touché qu'il accepte.

Hélas, le Covid a interrompu les tournages et nous n'avons pas pu enregistrer les deux dernières émissions, prévues avec Camille Lellouche et Éric Dupont-Moretti. J'ai enregistré les dernières voix off dans un studio de Los Angeles, en catastrophe.

Malheureusement, je n'ai pas non plus été en mesure de participer à la promotion à cause des restrictions de déplacement liées à la pandémie, et l'émission n'a pas cartonné sur le plan des audiences. Toutefois, les critiques ont été excellentes. Je me souviens notamment de la chronique d'Isabelle Morini-Bosc, sur RTL : « Si vous n'êtes scolairement pas un aigle et qu'on vous le fait constamment sentir, ne loupez pas le petit bijou de Joël Bouraïma. Cette émission est une très, très bonne surprise. »

Alors que le Covid commence à peine à empoisonner nos vies, je rentre à Los Angeles, et trois jours plus tard, le président Donald Trump annonce la fermeture des frontières.

Pendant deux ans et demi, de mars 2020 à octobre 2022, je n'ai pas quitté le territoire américain. À cause du virus, les voyages étaient interdits. Vent de panique sur le monde entier. La salle de sport de West Hollywood – mon principal outil de travail – ferme ses portes. Heureusement, j'avais les reins solides pour tenir le coup, financièrement. Si le Covid avait toqué à la porte de la planète deux ans auparavant, quand je bâtissais patiemment mon écurie américaine, l'histoire aurait été simple : retour en France, Coach Joe ! Aux États-Unis, on ne rigole pas avec les retards de paiement. C'est un rouleau-compresseur. Marche ou crève ! Il ne faut pas compter sur les aides. Au premier loyer de retard, on reçoit un avertissement. Deux semaines plus tard, si le chèque n'est pas encaissé, l'avis d'expulsion est envoyé.

Là, mes Américains me font confiance. Après quelques semaines de confinement strict, je reçois quelques appels.

— Joe, on ne peut pas rester indéfiniment sans s'entraîner !

Il ne faut pas croire que les people m'ont sauvé la mise pendant cette période inédite. Au contraire, les célébrités avaient tendance à rester dans leur forteresse. Pendant cette période pandémique, j'ai travaillé pour trois familles de monsieur et madame Tout-Le-Monde, des Américains. Comme j'étais plus disponible, les séances étaient plus longues et plus fréquentes, d'autant qu'ils avaient, eux aussi, plus de temps. Par exemple, je coachais un grand patron, habituellement en voyage dans l'Amérique entière. Bloqué chez lui, il avait enfin le temps pour des séances poussées. Idem pour son fils de vingt-huit ans, rentré à la maison.

L'une des familles me réglait environ 1 500 dollars par semaine ! Finalement, même si je travaillais moins, j'économisais les 2 000 dollars mensuels de location de la salle de sport, je m'y retrouvais. Cette période m'a en outre permis de respirer un peu. J'étais plus souvent à la maison, où mes enfants suivaient leurs cours en visio. Aux États-Unis, ce système a été mis en place très rapidement et a remarquablement fonctionné. Il faut savoir qu'en début d'année, chaque enfant reçoit un ordinateur de prêt, et a l'habitude d'échanger ainsi avec ses professeurs. La transition a été simple.

Quand le monde s'est ouvert peu à peu, mes séances sportives se sont multipliées. Le process était parfois un peu lourd. Quand j'avais un entraînement chez les Kardashian à 6 heures du matin, je devais y arriver à 5 h 30 pour faire un test-PCR et attendre le résultat.

Fort de l'expérience Covid, j'ai décidé de ne plus retourner dans une salle de sport. J'ai mon propre matériel, et la plupart de mes athlètes disposent d'équipements à domicile. C'est donc moi qui me déplace chez les gens, ce qui est plus confortable pour eux. Les sœurs Kardahian m'ont demandé conseil lorsqu'elles ont fait construire leur salle de sport particulière, qui est encore plus fonctionnelle que celle des grands hôtels de luxe. Depuis le confinement, beaucoup de particuliers se sont équipés, au moins du strict minimum, pour faire du sport à la maison.

J'ai également conservé le lien avec la France, grâce à mon ami Mouloud Achour, animateur de l'émission *Clique* sur Canal+. Alors que les studios étaient fermés, Mouloud a relancé son émission sur Instagram et m'a invité pour donner des conseils sportifs. Une fois l'émission relancée, j'enregistrais une capsule d'une minute tous les jours, dans mon garage, que je leur envoyais et qu'ils retransmettaient dans leurs émissions quotidiennes sur Canal.

Professionnellement, j'ai donc bien géré cette période. Quand j'entends parler certains coaches sportifs en France qui ont été en difficulté, j'estime que je ne peux pas me plaindre. L'aspect douloureux de cette période était surtout l'éloignement de la famille. Pendant deux ans, ni mes parents ni mes beaux-parents n'ont pu venir nous voir aux États-Unis. On ne savait jamais quand les frontières allaient rouvrir. En outre, les blocages administratifs liés à cette période ont fortement ralenti notre processus d'obtention de *green card* américaine. J'ai été obligé de renouveler mon visa en urgence. Pour l'instant, on ne peut même pas aller en vacances au Mexique ou au Canada ! En attendant de voyager à nouveau en famille, je suis rentré en France pour la première fois à l'automne 2022.

En effet, dès le mois d'avril de cette même année, alors que je ne suis pas retourné en France depuis deux ans, je reçois un mail étonnant, d'une responsable de casting chez Endemol :

« Nous cherchons des profs afin de relancer une émission vieille de vingt ans : la *Star Academy*. Si vous êtes partant, contactez-moi. »

Dans mes souvenirs, la Star Ac', c'était cool ! Cependant, j'avais peur que cela ne soit pas au même niveau qu'auparavant. Je me méfie toujours de la téléréalité, c'est pour ça que j'avais refusé de participer aux *Anges* de NRJ12. Cinq minutes d'un épisode avaient suffi à me convaincre de ne pas y aller.

Après m'être renseigné, je donne mon accord de principe. Chez TF1, on m'assure que c'est très sérieux et que le budget sera conséquent. Mon contrat est envoyé tardivement. La proposition financière ne me convient pas. Je leur explique que je ne peux pas laisser ma clientèle et ma famille pour gagner moins d'argent que si je restais tranquillement à Los Angeles. Après mon refus, la deuxième mouture n'est toujours pas au niveau de mes espérances. Je décide alors de les mettre en relation avec un proche qui fait office d'agent, afin de ne pas gérer ce dossier moimême. Fin septembre, on s'accorde finalement sur mes conditions. Je n'ai rien lâché, car je n'avais aucune *obligation* de faire cette émission.

J'avais prévu d'arriver en France le jour du premier *prime*, et puis finalement, la prod m'annonce qu'il y aura une semaine de répétition juste avant. Impossible pour moi, ce n'était pas prévu au contrat, j'avais tout organisé pour arriver le 15 octobre. J'ai atterri de Los Angeles à 9 heures, puis vers 10 h 30, j'ai fait dès mon arrivée ma séance photo pour les visuels de l'émission. Juste le temps de visiter le studio, puis je suis allé prendre possession de l'appartement en Airbnb dans le XVIe dans lequel je m'installais pour six semaines. Une douche, un repas rapide, puis je retourne au studio où je rencontre enfin mes collègues pour de vrai (je les avais juste aperçus en visio pendant leur repas d'équipe quelques jours avant). Et c'est parti pour le premier prime !

L'aventure commence. Mon premier vrai jour de travail se passe le lundi suivant le prime. Ensuite, j'ai aussi des séances les mercredi et vendredi, chaque semaine. Les jours où je ne travaille pas, je suis souvent chez mes parents dans le 78, je passe du temps avec la famille, les potes, après trois ans sans être venu en France. Je profite de cette période pour réveiller mon réseau français, renouer des liens.

Mon travail auprès des élèves ? Les mettre en forme pour les primes du week-end, mais surtout, leur faire prendre conscience de la part du sport et de la condition physique dans la carrière d'un artiste. Je leur ai expliqué que cette répétition d'efforts, déjà fatigante en quelques semaines de Star Ac', serait encore plus intense quand ils auraient le bonheur de partir en tournée. Je leur disais : « Vous êtes des athlètes. Le sport doit faire partie de votre vie quotidienne. Ça ne doit plus être une punition. Vous en aurez besoin. Si vous voulez être au top à chaque concert, vous devez être bien physiquement. Votre public se moquera de savoir si vous avez dormi trois heures ou répété toute la semaine. Ils viennent voir l'artiste pour qui ils ont payé. » La production m'avait invité à insister là-dessus. Je n'étais pas là pour leur faire perdre du poids ou changer leur corps. En six semaines, je devais intégrer le sport à leur quotidien professionnel. Je suis ravi du résultat, car certains élèves ont été engagés dans des comédies musicales et m'ont demandé de leur trouver un coach sportif à Paris. La prise de conscience est là. Le message est passé.

Je commence avec les élèves à 8 heures, donc j'ai un pick up à 6 heures par un chauffeur de la production, en bas de mon appartement. J'adapte mes séances le jour même en fonction de la forme des élèves, des embrouilles qu'il y a pu avoir, ou pour coller au thème du prime. Par exemple lorsque les candidats ont dû chanter en duo, je les ai fait travailler deux par deux. J'arrivais à 7 heures, 7 h 15 au château de Dammarie-les-Lys, je mettais en place la séance, je demandais le matériel nécessaire et c'était parti. J'ai aimé me retrouver un peu dans l'ambiance que j'avais connue avec les colos, les élèves étaient tous de « bons gamins », personne n'a fait le malin. L'événement le plus marquant, ç'a été quand l'un d'eux ne s'est pas levé un matin et que je suis allé le chercher dans sa chambre. J'ai un bon relationnel avec les jeunes adultes, je sais être ferme, dans un cadre presque scolaire, mais je sais aussi m'adapter à chaque personnalité. L'aspect psychologique est primordial, sinon, avec la pression, il peut y avoir des accrochages. Un prime, c'est un travail colossal, c'est cent personnes à chaque fois, ça représente un investissement humain incroyable. C'est très physique pour les élèves : la préparation, le show.

La première fois que Nikos m'a tendu le micro, ça m'a fait un truc. Pour moi, c'est LE présentateur télé, la relève de Drucker ; la Star Ac', c'était sa première émission il y a vingt ans. C'est sur TF1, en *prime time*. Je n'ai pas cherché ça, c'est venu à moi, mais j'étais content de le faire. Il a fallu que je parte aux États-Unis pour qu'on m'offre ça ! En fouillant dans mes mails, j'ai retrouvé un ancien message envoyé à la production datant de 2012, dans lequel je demandais comment participer à l'emission en tant que coach. Je n'avais pas eu de réponse à l'époque. Pour moi, c'était un peu le retour gagnant. Depuis, on me reconnaît dans la rue, je suis rentré dans le foyer des gens avec une telle audience, je n'en avais pas conscience avant d'avoir les premières demandes de selfies. Le samedi matin, j'allais acheter mes tenues pour le prime à Vélizy 2 ou ailleurs, et il n'y a pas une fois où les vendeurs ne m'ont pas reconnu. J'étais gêné et ne savais pas trop comment gérer. Mais j'étais presque soulagé de repartir pour les États-Unis et de laisser ça derrière moi, retrouver l'anonymat.

Je suis monté deux fois sur scène pendant les primes : une fois sur la chanson *Le coach* de Soprano, et lors de la finale, pour *The Show Must Go On* avec tous les profs. Je suis entré par l'arrière de la scène, comme les candidats. Je n'ai pas ressenti de pression, c'était agréable, c'était seulement du fun. Pour la finale, Soprano est venu chanter avec les élèves. Vingt ans après nos aventures de jeunesse, c'était assez fou de nous retrouver sur le plateau de la Star Ac'. Quand on sait d'où on est partis et de là où on vient. On a fait une photo ensemble. « Tu t'souviens.... ? » C'était fort. Soprano remplit tous les stades et les zéniths de France, mais il est toujours le même. Son entourage n'a pas changé.

Aussi, j'ai ressenti beaucoup d'émotion et de fierté à faire visiter les studios de la Star Ac', ainsi que ma loge à mes parents. Ils ont découvert l'envers du décor, le jour de la finale. Pour le dernier prime, j'ai pu envoyer une voiture avec chauffeur les chercher à St-Cyr, j'étais fier de leur montrer mon nom sur la porte de ma loge. Les téléphones sont interdits dans le public, on doit les laisser dans des vestiaires à l'entrée. Mais quand on rentre par l'entrée des artistes, on les garde. Ma mère n'a pas pu s'empêcher de le sortir pour filmer et prendre des photos, je l'ai vue faire depuis la scène !

Le plus dur à gérer pour moi pendant cette période, c'est le fait que pour la première fois, j'aie loupé un match de foot de mon fils. Il joue pour les Rams de Calabasas. Ça m'a fait un truc de rater ça. La saison de football, c'est quelque chose que l'on attend. L'année précédente, j'étais avec lui sur le terrain. Ça a été un moment difficile. Je vis clairement quelque chose à travers mon fils. J'ai l'impression de revoir les séries que je regardais à la télé, ado : la *high school*, l'élève américain reconnu pour ses compétences sportives, les grands halls avec les casiers pour ranger ses affaires, tout y est. Le fait que pour mes enfants, ce soit leur quotidien, ça me touche. J'aurais aimé que mon fils fasse du soccer, mais il est tombé amoureux du football américain. Il commence à être reconnu dans notre ville, on parle de lui. Je ne le pousse pas mais je l'accompagne. J'essaie de ne pas reproduire ce qui a pu se passer avec mon père, qui m'a empêché de faire du football professionnel. Aux États-Unis, sport et études sont liés, si tu n'obtiens pas de bonnes notes, tu ne peux pas jouer pour l'équipe de ton école.

Quant à ma fille, elle a été prise dans l'équipe de volleyball de Calabasas High school, et, par chance, j'avais eu le temps de voir son dernier match, le 13 octobre, juste avant de m'envoler pour Paris.

J'ai apprécié l'expérience *Star Academy*.

Pour son retour sur TF1, l'émission a été un grand succès, au-delà des attentes de la chaîne. Faire partie de l'équipe qui a ramené la Star Ac' à la vie, c'est cool pour moi. Je resterai identifié à cela.

#EXPLORER D'AUTRES HORIZONS.

N'ayez pas peur de sortir un peu de votre routine habituelle. Testez de nouvelles choses. Ouvrez-vous à de nouvelles pratiques, rencontrez des personnes différentes, pas spécialement issues de vos cercles habituels. Pour ma part, je sais que les rencontres diverses au cours de ma vie ont été déterminantes. Pendant mes parenthèses télévision, j'ai eu la chance de croiser des profils que je n'aurais jamais vus ailleurs. Au-delà de l'expérience professionnelle qui m'a beaucoup apporté, l'expérience humaine a toujours été mon moteur.

TÉMOIGNAGE NICOLAS CENNAC PRODUCTEUR TV

« Je préparais *Les cancres* avec l'auteure Amandine Scherer, et on cherchait quelqu'un pour incarner le programme. On avait imaginé signer avec une personnalité connue du grand public pour faire le lien entre les invités, ayant réussi dans la vie sans pour autant briller pendant leurs études et les élèves en échec scolaire. Puis on est tombés sur la vidéo Brut.fr de Joe, qui était un buzz absolu avec des millions de vues. Cela a été une évidence, il cochait toutes les cases qu'on avait en tête. Il a fallu convaincre la chaîne, alors on a organisé une visio sur WhatsApp avec tous les boss de RMC et Joe qui nous parlait depuis un parking à L.A.

Et en trois minutes, il avait conquis tout le monde.

Je l'avais pressenti à travers la vidéo, les articles que j'avais pu lire et nos premiers échanges : Joe est quelqu'un de très instinctif. Quand il adhère à un projet, il se met à fond et fait confiance. Avant tout, il a été attiré par l'aventure, les conditions étaient secondaires finalement, il a dit « oui » tout de suite. Ça m'a touché.

C'est un très gros bosseur, il préparait extrêmement bien les tournages, il connaissait les CV de chaque candidat sur le bout des doigts à chaque fois. Il rentre très vite en empathie, c'était vraiment la bonne personne.

Une autre chose qui m'a marqué, c'est le fait qu'il s'adressait exactement de la même manière aux ados qu'aux invités comme Gad Elmaleh, par exemple. Il est toujours à fond, mais fidèle à sa personnalité, sans changer de comportement en fonction de la personne qu'il a en face de lui. Son sens de l'écoute est aussi une qualité remarquable, lui qui est coach au quotidien et donc plutôt habitué à être leader, il est aussi capable de se laisser diriger par un réalisateur, guider avec beaucoup d'humilité par une équipe de production.

Joe peut être coach dans tous les domaines, ses grandes qualités humaines s'adaptent aussi bien au sport, qu'à l'éducation, et même au spectacle : je n'ai pas été surpris qu'il se lance dans l'aventure Star Ac', il aide les autres avec passion. »

CHAPITRE 16

POURQUOI PAS VOUS ?

Je voulais juste être prof de sport. D'où je venais, avec mon contexte familial, l'histoire aurait été belle, déjà. Mais, au fil des années, des rencontres, des paris tentés, j'ai compris que les limites qui se présentent à nous sont celles qu'on s'impose. Il m'a fallu des années pour, non pas oublier, mais dépasser la phrase entendue trop de fois : « Joël, ça ne va pas être possible, ça va être chaud pour toi. » Rien ne fut simple, c'est vrai, cela fut même « chaud » pour reprendre leur expression, mais, aujourd'hui, j'ai fait tomber la plupart des clichés sur le fils d'immigré, d'un père passé en prison, issu d'un quartier sensible. J'aurais pu me faciliter la vie en trouvant des coupables, des excuses, me dédouaner de mes échecs, des difficultés rencontrées, mais ce livre a pour objet d'expliquer, justement, que se positionner comme une victime est une erreur. Les discours

« c'est à cause de la société », « on ne nous donne rien » ne font avancer personne. Si on ne te donne rien, alors va le chercher ! Dès que j'ai été en âge de travailler, j'ai charbonné, je n'ai pas profité des indemnités chômage, je n'ai jamais cherché à profiter des aides sociales. Je ne voulais pas entrer dans ce système où, autour de moi, certains travaillaient un an et demi puis s'arrêtaient pour toucher les indemnités, ne rien faire, avant de se remettre sur le marché du travail à l'approche de la fin de leurs droits. Les entreprises pour lesquelles j'ai travaillé peuvent compter sur les doigts d'une main les jours où je n'ai pas pu aller travailler, je me suis même présenté parfois avec ma fille que je n'avais pas pu faire garder ! Le travail, cela se respecte, ne pleurez pas si vous n'êtes pas prêt à mouiller le maillot. On a ce qu'on mérite la plupart du temps. Quand je faisais du déménagement, je proposais à des gars du quartier de m'accompagner pour gagner un peu d'argent, mais ils me disaient de laisser tomber, que ce n'était pas pour eux, que ce n'était pas assez payé, moins que le chômage. Peut-être mais, au moins, cet argent, je l'avais gagné, mérité et j'étais actif. Avec ce livre, j'aimerais que les gens comprennent pourquoi j'en suis là, ne plus entendre, comme souvent, « il a eu de la chance ». Si on calcule le nombre de chances que j'ai eues, de l'Australie à Los Angeles, ça fait beaucoup, quand même. Un grand golfeur disait : « Plus je m'entraîne et plus j'ai de chance. » Ma vie, c'est exactement ça : je me suis entraîné comme un fou, traînant dans mon sillage cette bonne étoile qui, parfois, me devançait, c'est vrai. Les opportunités, il faut aller les chercher, les bousculer, les débusquer et, à un moment donné, elles vont se présenter à toi. Mon départ en Australie, je l'ai provoqué. Si je n'avais pas eu le courage d'y aller, de lâcher certaines habitudes dans mon quartier, de me mettre en danger avec la langue et la culture, je n'aurais pas été capable de répondre à la requête de Steve Guttman qui me proposait de travailler avec Kayne West. Pas avec mon anglais scolaire, en tout cas. Sans oublier tout ce que j'avais mis en place pour devenir coach, travailler dans de grandes salles de sport. Cette préparation invisible, je l'avais faite, inconsciemment, pour ce moment-là, la rencontre avec Kanye. Quand la bonne fortune se présente, il faut être prêt à la cueillir : pour certains, elle est passée, mais ils n'étaient pas armés, pas préparés à la prendre au vol.

En Australie, j'y suis allé en éclaireur et je disais à mes potes : « Venez, c'est une tuerie. On peut travailler, s'amuser, sans avoir un anglais de fou au début. » Pendant qu'ils tenaient les murs à Saint-Cyr, ils devaient se dire que je délirais, que je vendais du rêve. Ils n'auraient pourtant pris presque aucun risque : au pire, tu revenais d'Australie en parlant anglais, ce qui est un minimum si tu aspires à un métier sympa. Les seuls à être venus me voir sur cette île du bout du monde, aujourd'hui, me remercient : Momo, aujourd'hui, s'est lancé dans le business et il possède une grosse boulangerie à Saint-Cyr. Dans l'arrière-boutique de son magasin, il a accroché une carte de l'Australie et il me dit souvent : « C'est là-bas que je veux retourner. » Il a vu, il s'est ouvert, il a compris les opportunités dont je lui parlais. Si, avec le livre, je peux faire la même chose qu'avec mon ami, à une échelle plus importante, toucher une audience plus large, alors ce sera gagné. Je ne ressens pas de culpabilité vis-à-vis de mes amis qui n'ont pas connu la même réussite, mais des regrets, oui, quand je revois des gars dont je connais les capacités dans certains domaines. Je me dis que c'est du gâchis, que c'est dommage. À la base, ils avaient plus de talent que moi, ils auraient pu en faire plus, la différence, c'est qu'ils ne le savent pas. Certains ont fini braqueurs, d'autres sont encore en prison, certains font des allers-retours. Quand je retourne au quartier, je revois certains gars qui n'ont pas changé depuis dix ans, avec le même discours, ce qui crée un décalage avec ma vie à L.A. dont j'évite de parler dans ce cas. Je ne veux pas qu'on se dise que je me la raconte, mais j'aimerais partager mon expérience, partager ma motivation. Je reçois déjà des messages de mamans qui me demandent de prendre en charge leurs fils dans une mauvaise passe. Le livre, c'est une autre opportunité que j'avais dans les tuyaux depuis longtemps, ce n'est pas une chance. Il faut savoir imposer ses choix, ses envies. La liberté, c'est un vrai luxe et le mien passait par un départ aux États-Unis. C'est là qu'on a commencé à se dire : « Ce gars a un truc. »

De l'extérieur, on peut penser que ma vie est un rêve, mais c'est le résultat d'un travail de longue haleine, depuis des années. C'est un investissement sur le long terme qui, parfois, ne paie que dix ans après. Et je n'arrête pas de travailler, de mettre des gens en connexion, de créer un réseau, pour que le mouvement ne s'arrête pas. Pendant un an et demi, je me suis permis de refuser le documentaire que la journaliste Sarah Amrouni de TF1 proposait de me consacrer. Ce n'était pas moi, c'était trop bling-bling, trop autour des Kardashian et de Kanye West, trop loin de mon histoire, de Saint-Cyr-L'École. Quand des reportages, dans *Vanity Fair* notamment, ont offert un nouvel éclairage sur mon parcours, la chaîne est revenue aux nouvelles, a commencé à se pencher sur ma vie, mon quartier et non plus seulement sur le Français qui vit à L.A. et travaille pour les Kardashian. Et, pourtant, je n'ai encore rien fait, je le mesure chaque jour un peu plus, en côtoyant des personnes dans une autre sphère. Quand je les entends parler de leurs projets, de leur facilité en apparence, à réaliser telle ou telle chose, j'ai les yeux et les oreilles grands ouverts. Ce n'est pas qu'une question d'argent, mais de liberté, et c'est cette liberté que je veux conquérir. Je suis à Los Angeles, OK, mais je ne suis pas encore à leur niveau, je suis dans le petit L. A. et je dois me défoncer pour monter la pente, m'asseoir à leur table, pouvoir parler d'égal à égal. Car il y a toujours quelqu'un au-dessus de nous même quand on est déjà en haut de l'échelle sociale. Si d'autres ont atteint ce niveau, pourquoi pas moi ? Et des histoires comme la mienne, celle d'Omar, de gars partis de rien, il y en a des centaines, des milliers, et pas que des noms connus. J'aimerais faire passer ce message à tout le monde, à des inconnus, à mes frangins, à mes potes... Leur dire que tout peut se passer, qu'on n'est jamais arrivé, qu'il faut profiter de chaque étape si on ne veut pas se brûler les ailes. Si l'objectif est d'aller en haut tout de suite, sans profiter, tu vas exploser. C'est un équilibre à trouver entre savourer ce qu'on a déjà et continuer de chercher mieux. Je vis pour aller le plus haut possible, c'est l'objectif, mais si cela s'arrête ici, si je dois redevenir prof de sport, je serai déjà heureux. Et si je dois être déçu, ce ne sera que de moi-même. Je suis reconnaissant de ce que j'ai déjà vécu, mais si je vois une possibilité de monter un palier, pourquoi ne pas essayer ? Mon objectif n'est pas d'être milliardaire, et si l'argent devient mon seul moteur, c'est que je ne vais plus dans la bonne direction. Pour s'épanouir, il ne faut pas rester dans son confort, mais savoir au contraire se mettre en danger. Les trucs les plus fous que j'ai faits et les paris impossibles que j'ai relevés, ils sont arrivés quand j'étais en galère, quand, quelque part, je n'avais pas le choix.

Si, quand Steve Guttman m'a lancé : « Tu te sens capable de gérer Kanye West ? », j'avais reculé, je ne sais pas ce que je serais devenu. Sur le coup, j'avais dit « oui », au bluff, je ne savais pas si j'étais capable d'entraîner une des plus grandes stars mondiales. J'ai dit « oui » à Steve, mais dans ma tête, j'ai pensé : Mais merde, qu'est-ce que tu fais ? En sortant de ma zone de confort, je me suis bougé, je me suis lancé puis j'ai réfléchi à la façon de réussir ce challenge. Des gens comme Steve, Kanye, Omar ont été des moteurs pour moi ; j'aimerais l'être pour d'autres personnes, qu'elles se lancent dans une bonne dynamique en lisant ce livre, en découvrant mon histoire. Surtout que je suis comme ces gens, que j'ai aussi connu des galères plus ou moins graves, mais j'ai pu le faire ; pourquoi pas vous ?

#PARTAGER-ÉCHANGER-REDONNER.

Toute mon histoire a été nourrie de ces valeurs, au fil des rencontres j'ai pu partager des expériences qui m'ont fait grandir, j'ai pu échanger avec des personnes de différents horizons qui m'ont permis de m'ouvrir. De la même manière que certains m'ont donné, à moi maintenant de redonner, c'est un peu ce *GIVE BACK* à l'américaine.

REMERCIEMENTS

Je tiens à remercier tous ceux qui ont croisé ma route, toutes ces rencontres qui font partie de mon histoire et qui m'ont permis d'être là où je suis aujourd'hui.

Merci à tous ceux qui ont témoigné dans ce livre.

Merci à l'équipe de Talent Éditions.

Et merci à vous qui avez pris le temps de lire mon histoire.

Imprimé en France par CPI
en août 2023

Dépôt légal : avril 2023
N° d'impression : 176184

Talent Éditions est engagé dans le développement durable afin de limiter l'empreinte carbone de la fabrication de ses livres. Soucieux de l'impact environnemental de notre métier, nos ouvrages sont imprimés en France sur du papier certifié issu de plantations gérées de manière écoresponsable. Les livres non commercialisables sont recyclés et réutilisés pour la fabrication d'autres produits cartonnés.
